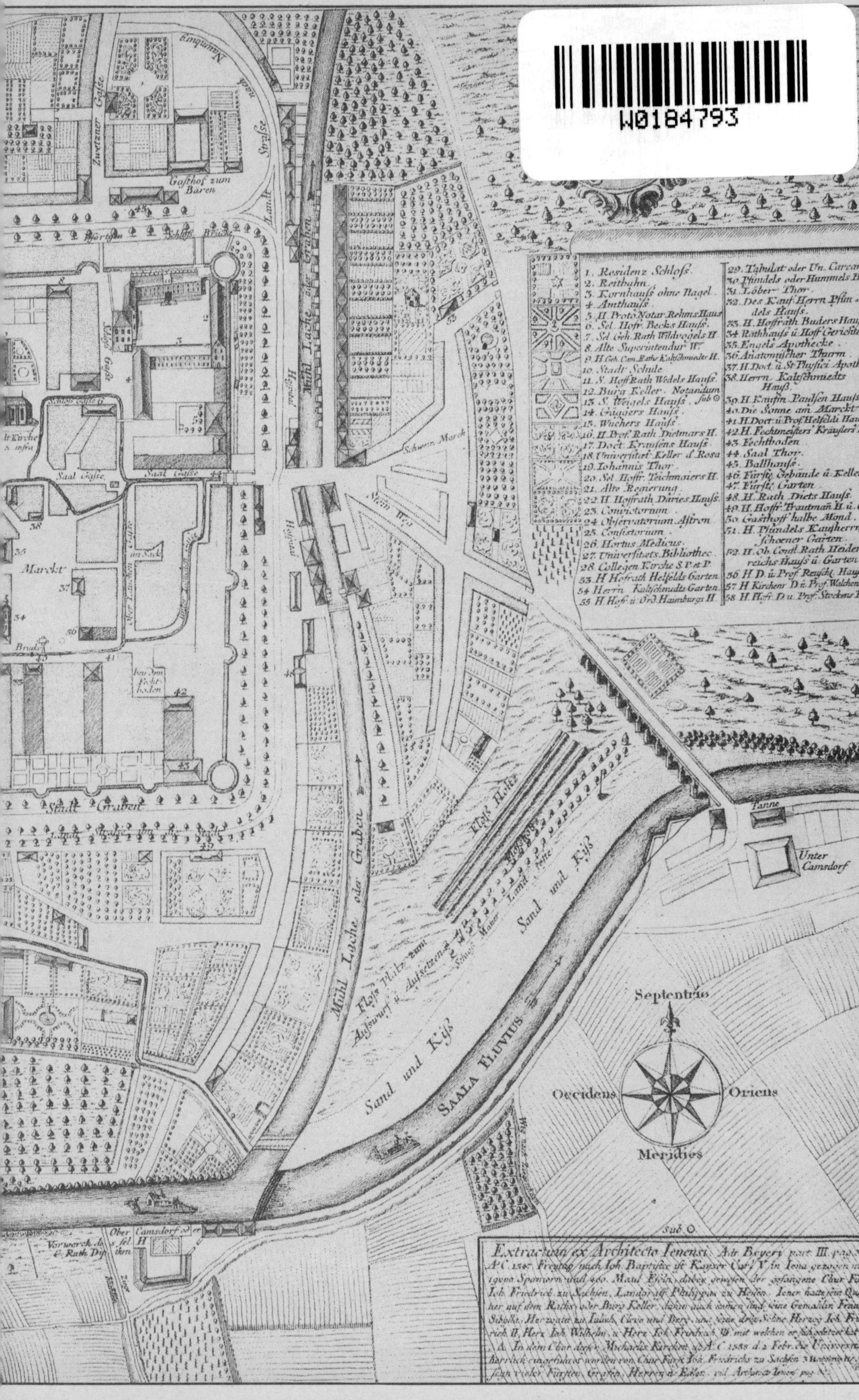

Naumburg
Zwetzner Gasse
Gasthof zum Baren
Land Strasse nach
Mühl Lache oder Graben
Schwein Marck
Saal Gasse
Saal Gasse
Marckt
im Sack
bey dem Fecht boden
Stadt Graben
Hospital
Neuer Weg
Floss Holtz
Floss Platz zum Aufwurf u. Aufsetzen
Sand und Kiß
Sand und Kiß
SAALA FLUVIUS
Tanne
Unter Camsdorf
Ober Camsdorf oder
Septentrio
Occidens
Oriens
Meridies
sub ☉
1. Residenz Schloss.
2. Reitbahn.
3. Kornhauss ohne Nagel.
4. Amthauss.
5. H. Proto Notar Rehms Hauss
6. Sel. Hofr. Becks Hauss.
7. Sel. Geh. Rath Wildvogels H.
8. Alte Superintendur W.
9. H. Geh. Cam. Rathe Kaltschmidts H.
10. Stadt Schule.
11. S. Hoff Rath Wedels Hauss.
12. Burg Keller. Notandum
13. S. Weigels Hauss. sub ☉
14. Güggers Hauss.
15. Wuchers Hauss.
16. H. Prof. Rath Dietmars H.
17. Doct. Krausens Hauss.
18. Universitaet Keller d. Rosa
19. Iohannis Thor.
20. Sel. Hoffr. Teichmaiers H.
21. Alte Regierung.
22. H. Hoffrath Daries Hauss.
23. Convictorium.
24. Observatorium Astron.
25. Consistorium.
26. Hortus Medicus.
27. Universitets Bibliothec.
28. Collegen Kirche S. P. et P.
53. H Hofrath Helfelds Garten.
54 Herrn Kaltschmidts Garten.
55 H. Hofr. u. Ord. Hamburgs H.
29. Tabulat oder Un. Carcar
30. Pfündels oder Hummels H.
31. Löber Thor.
32. Des Kauf Herrn Pfündels Hauss.
33. H. Hoffrath Buders Hauss
34 Rathhauss u. Hoff Gerichte
35. Engels Apothecke.
36. Anatomischer Thurm.
37. H. Doct. u. St. Physici Apoth
38. Herrn Kaltschmiedts Hauß.
39. H. Kaufm. Paulsen Hauss.
40. Die Sonne am Marckt.
41. H. Doct. u. Prof. Helfeldi Hau
42. H. Fechtmeisters Kräuslers
43. Fechtboden
44. Saal Thor.
45. Ballhauss.
46. Fürstl. Gebaude u. Keller
47. Fürstl. Garten
48. H. Rath Diets Hauss.
49. H. Hoffr. Trautmann H. u. G
50. Gasthoff halbe Mond.
51. H. Pfündels Kaufherrn schoener Garten.
52. H. Ob. Consl. Rath Heidenreichs Hauss u. Garten
56 H. D. u. Prof. Reusch. Hauss
57 H Kirchenr. D. u. Prof. Walchens
58 H. Hofr. D. u. Prof. Stockens H
Extractum ex Architecto Ienensi. Adr. Beyeri part. III.

W0184793

Frank Esche/
Rüdiger Glaw

Auf dem Karzer lebt sich's frei

Studentengeschichten
aus dem alten Jena

GREIFENVERLAG

© 1992 by Greifenverlag GmbH
D-O-6820 Rudolstadt/CH-5264 Gipf-Oberfrick
1. Auflage 1992
Gesamtgestaltung: R.O.S.//Erfurt
Gesamtherstellung: Verlag und Druckerei Fortschritt Erfurt GmbH
Printed in Germany

ISBN 3-7352-0257-8

Vorwort

Jena ist reich an heiteren studentischen und akademischen Begebenheiten, gibt es doch nur wenige deutsche Städte, die so auffallend durch ihre Universität geprägt sind.

Sie gewähren fragmentarische Einblicke in das Alltagsleben der altehrwürdigen Alma mater. Um diese Geschichten dem Vergessen zu entreißen, stellen wir in diesem Büchlein eine Auswahl amüsanter und ergötzlicher Geheimnisse des Jenaer Geisteslebens vor.

Nicht wenige gewichtige, viele jahrzehntealte Quellen wurden von uns aufgestöbert. Dem schon vergilbten Papier gewannen wir jene Begebenheiten ab, welche nun erzählt und nacherzählt ein hoffentlich auch für den Leser unterhaltendes Büchlein füllen. Vor unseren Augen trafen sich der urwüchsige und anspruchsvolle Humor der Studenten mit dem Esprit der Universitätsgelehrten. Einundvierzig Geschichten zeugen von den amüsanten und kuriosen Eigenheiten, dem Lebensmut und der Lebenskraft der Studenten aus dem alten Jena. Sie künden vom Freiheitswillen, der von der thüringischen Universität, dem hier befindlichen akademischen Treiben ausging, denn in Jena gründete sich mit der Allgemeinen Deutschen Burschenschaft die erste nationale Studentenverbindung Deutschlands.

Der Leser begegnet in diesem Büchlein nicht nur bedeutenden Ereignissen deutscher Geschichte, sondern mit Goethe, Luther, Fichte, Weigel, Zar Alexander I. von Rußland, August dem Starken und Großherzog Karl August auch Männern, die Geschichte machten.

Wenden Sie also Seite um Seite dieses Buches und lassen Sie sich vom Humor aus vergangenen Jahrhunderten umwehen. Lassen Sie sich so in das Jena vergangener Zeiten entführen und auf der Gratwanderung zwischen Authentischem und Augenzwinkern vom Geist jener Zeit einfangen.

Frank Esche Rüdiger Glaw

Foto nächste Seite: Burschenschaftsdenkmal auf dem Eichplatz

Das Jubiläums-Strafmandat

Zwischen einem Burschenschafter und der Polizeibehörde der Universitätsstadt Jena hat 1911 folgender Briefwechsel stattgefunden:

Jena, am 28. Juni 1911

Einer hohen Polizeibehörde der Universitätsstadt Jena gestatte ich mir, auf den mir am Freitag der vorigen Woche zugegangenen Strafbefehl über 10 Mark, weil ich in der Nacht vom 18. zum 19. ds. Mts. auf dem Marktplatz „hiesiger Stadt“ auf das Johann-Friedrich-Denkmal stieg und übermäßig laut geschrien haben soll, mitzuteilen, daß ich mich durch die Höhe der Strafverfügung beschwert fühle und dagegen Berufung einlege.

Denn 1. bin ich erbötig, durch einwandfreie Zeugen nachzuweisen, daß ich mich beim Klettern auf das Denkmal und auch oben auf dem Postament absolut ruhig verhalten habe und auch der einmaligen Aufforderung des Herrn Kollegen Loth (Schutzmann Nr. 34), herunterzusteigen, sofort in aller Ruhe nachgekommen bin. Als Zeugen nenne ich die Herren Studiosus Paul H. aus Wernshausen, Johannes R. aus Gera, Kurt G. aus Magdeburg und E. K. aus Petsa, alles Herren untadelhaften Charakters;

2. hat mein Leibfuchs, der Studiosus, nunmehriger cand. jur. W. G. aus Langensalza, vor einigen Jahren ein Strafmandat aus demselben Grunde nur über 3 Mark bekommen;

3. weise ich darauf hin, daß diese Strafverfügung die 25. ist, die mich betrifft, und dürfte schon aus Anlaß dieses freudigen Ereignisses eine Herabsetzung des Strafbefehls geboten sein;

4. sehe ich mich ernstlich genötigt, von meinem Wohlwollen gegenüber der Stadt Jena, der ich auf dem Wege der Strafbefehle eine so eminent bequeme und ergiebige Einnahmequelle in meiner Person beschafft habe, abzulassen, sofern die Strafverfügung in dieser Höhe aufrechterhalten bleibt. Wenn ich unter diesem Gesichtspunkt mir an manchen Stellen der Stadt das Straßenpflaster ansehe, so sage ich mir stets, daß die Stadt Jena billigerweise alles aufbieten müsse, um sich solche Gönner zu erhalten;

5. bemerke ich noch, daß meine Straftat vor dem 27. Juni statthatte, unter welchem Datum die hohe Polizeibehörde durch das „Jenaer Volksblatt“ bekanntgab, daß sie fortan nächtlichen Ruhestörungen und ähnlichem Unfug mit größerer Strenge als bisher

begegnen würde und dieses Interessierten zur Beherzigung anempfahl. Mein jetziger Fall kann also unmöglich schon mit derselben Strenge behandelt werden wie die zukünftigen.

Unter Würdigung dieser gewichtigen Gründe und unter Hinweis auf mein bisheriges so überaus herzliches Verhältnis zum gesamten jenaischen Polizeikörper bitte ich, diese Verfügung aufzuheben und eine neue von mindergroßer Höhe zu erlassen.

Mit ganz vorzüglicher Hochachtung

Ihr Peter R.

P.S: Die betreffende fällige Summe bitte ich, mir bis zum 20. Juli d. Js. zu stunden, da ich mich augenblicklich vollkommen außerstande sehe, ein derartiges Kapital aufzubringen.

D.D.

Antwort!

Der Gemeindevorstand der Residenz- und Universitätsstadt Jena

Gesch.-Nr. St. T. 208

Ihr Schreiben vom 28. Juni 1911 geht von der richtigen Annahme aus, daß wir für Humor Verständnis haben.

Allein so gern wir auch zwecks Hebung des Humors Ihrem Wunsche willfahren würden, so stellt sich dem doch die Tatsache entgegen, daß Sie in der Nacht vom 18. zum 19. Juni ds. Js. bereits auf dem „Kreuze" so gelärmt haben, daß der Schutzmann hat einschreiten wollen. Alsdann sind Sie auf das Hanfrieddenkmal gestiegen und haben von da mit recht kräftiger Stimme geredet.

Weil Sie aber weder gegrölt noch gesungen, sondern nur übermäßig laut gepredigt haben, wird die alte Strafverfügung zurückgezogen und Ihnen eine neue über 5 Mark zugesandt werden.

Ihrem Wunsche auf Stundung vermögen wir nicht zu entsprechen, da wir mit Stundungen gar zu schlechte Erfahrungen gemacht haben, so daß wir jetzt grundsätzlich bei Strafverfügungen keine Stundung mehr gewähren können.

gez. Dr. Müller, II. Bürgermeister

Vom Oberbürgermeister Singer war die Zuschrift mit folgendem Vermerk versehen worden: „Empfehle Jubilar der Begnadigung. Gez. Dr. S."

Vierzehn Tage nach Empfang der Antwort war der Empfänger im Besitze der 26. Verfügung.

Steinspritze und Himmelsziege

Am Steinweg 12 wohnte um 1885 ein kleiner Fuhrmann. Diese Bezeichnung paßte auf ihn in mehrfacher Hinsicht. Er war nicht sehr groß gewachsen, und auch sein Geschäft war nicht sehr bedeutend. Schmidt verfügte nur über ein Pferd. Im Unterschied zu anderen Männern desselben Namens wurde er in Anspielung auf seine Adresse der „Steinschmidt" genannt. Das Pferd des Fuhrmannes war nicht sehr stattlich. Es hatte ihm aber offensichtlich schon sehr, sehr viele Jahre treu gedient. Wenn Herrchen ihm mit Branntwein getränktes Kommißbrot eingab, konnte es eine kurze Strecke ganz brav Trab laufen und ernährte seinen Besitzer, welcher mit ihm Fuhren sogar für den Stadtrat ausführte. Die Studenten nannten es die „Himmelsziege" und fuhren gern mit dem Tier aus, denn Steinschmidt besaß auch etwas wie einen Kutschwagen. Das Gefährt, ein ganz eigenartiges Ding, hatte natürlich keine besonders großen Ausmaße. Ein Dach fehlte vollständig, aber ein Vordersitz und Rücksitz für je zwei Personen waren schon vorhanden, wie bei jeder richtigen Kutsche. Dazwischen hatte Schmidt einen Block zur Verbindung der beiden Sitzbänke angebracht, auf dem noch eine Person rittlings sitzen konnte.

Dieser Wagen erinnerte an die alten Spritzenwagen der Feuerwehr, und weil er auf dem Steinweg zu Hause war, nannten ihn Jenas Studenten „die Steinspritze". Ein Kutscher wurde niemals gestellt. Der mietende Student mußte selber die Zügel halten. Wenn auf dem allerdings schmalen Kutscherbock neben dem Roßlenker noch jemand Platz nahm, konnten so zur Not sieben Personen auf einmal befördert werden, was freilich „Steinschmidt" nicht wünschte. Er befürchtete dann eine Überanstrengung seiner Himmelsziege. Daher wurde die Steinspritze häufig nur von zwei bis drei Studenten genutzt.

Die übrigen Fahrtgenossen stiegen dann erst vor der Stadt auf, zuweilen im Schlafrock und mit einer langen Pfeife bewaffnet. Wenn die „Fuhre" spät in der Nacht nach Hause kam, stiegen die Insassen meist vor ihren Wohnungen ab. Der jüngste Fuchs fuhr auf den Steinweg und knallte mit der Peitsche. Dann kam Steinschmidt heraus und nahm Pferd und Wagen in Empfang. Die Steinspritze durfte in keinem Bierstaate fehlen. Die Himmelsziege wurde von den Studenten nicht schlecht behandelt. Wenn es bergan ging, stiegen die Burschen ab, kehrten sie ein, so bekam der Gaul Hafer. Wenn die Musensöhne an einem Chausseehause vorbeikamen, wurde das wackere Pferd zuweilen losgespannt, und ein Student ritt auf ihm langsam an den Chausseegeldeinnehmern vorbei.

Mit dieser Sitte hatte es folgende Bewandtnis. Der Großherzog Karl August war ein Freund der Studenten gewesen. Zu seiner Zeit wurde noch viel geritten. Damals hatte er verfügt, daß reitende Studenten von der allgemein üblichen Zahlung des Chausseegeldes befreit sein sollten.

Die Fahrgelegenheit mit der Steinspritze war nicht billig. Sie kostete immerhin 10 Mark. Steinschmidt war, vielleicht infolge unangenehmer Erfahrungen, so vorsichtig geworden, das Fahrgeld meist vorher einzuziehen. Wenn sich die Summe auf fünf bis sieben Personen verteilen ließ, war sie nicht unerschwinglich. Über eine dieser Fahrten soll hier berichtet sein.

Eines Nachmittags in den großen Ferien des Jahres 1887, also wohl im August, kamen einige Burschenschaftler zu Steinschmidt und trugen ihm vor, noch vor Abend ihr Bierdorf Ammerbach besuchen zu wollen. Sie seien aber zu müde, dorthin zu gehen, und müßten deshalb unbedingt fahren. Es ergehe also der Wunsch um freundliche Überlassung der Steinspritze mit der Himmelsziege. Steinschmidt verhielt sich anfangs ablehnend, weil er am nächsten Tage für den Stadtrat Sand fahren sollte. Da durfte die Himmelsziege am Tage vorher nicht zu sehr angestrengt werden. Aber nur zwei bis drei Studenten wollten doch fahren! Der Weg nach Ammerbach war nicht gar so weit, und das Fahrgeld würde vorweg bezahlt werden, beschworen sie den Fuhrmann. Steinschmidt gab also nach, und die Fahrt ging zunächst auf den Markt vor die Heinei. Dort beim Gastwirt Heine hatten die Burschen damals ihr Heim. Die Reisegesellschaft vergrößerte sich jedenfalls in wenigen Augenblicken. Die Studenten hatten das Gefühl, daß ein Ausflug nach Ammerbach doch zu wenig lohnend wäre, und beschlossen, nach Weimar zu fahren.

Als sie nach einigen Stunden dort ankamen, mußte ausgeruht werden. Die Himmelsziege wurde losgespannt und bekam Hafer. Die Reisegesellschaft stärkte sich gründlich und begab sich erst nach Mitternacht auf den Heimweg.

Foto nächste Seite: Steinspritze und Himmelsziege

Als der Morgen graute, stellte die illustre Gesellschaft die auffallend veränderte unbekannte Gegend fest. Mit Schrecken bemerkten die Studenten, daß die Himmelsziege in der Dunkelheit den rechten Weg verfehlt hatte und eine kurze Entfernung vor Erfurt lag. Nun war guter Rat teuer. Pferd und Menschen brauchten Ruhe. Mit der Kasse waren die Burschen auch nicht auf eine mehrtägige Reise eingerichtet. Zunächst schien sich nur ein Ausweg aufzutun. Pferd und Wagen mußten versetzt werden! Aber die Erfurter waren sehr zäh und wollten für beides zusammen nur 56 Mark geben. Das war doch entschieden zu wenig!

Es gab aber doch einen anderen Ausweg! In Gotha und Umgebung wohnten alte Herren der Burschen. Konnten diese den notleidenden Bundesbrüdern aushelfen? Am dritten Tage also zogen die Studenten in Gotha ein, und alles verlief nach Wunsch. Gotha wurde noch etwas besichtigt, auch einige Gastwirtschaften sahen die Studenten. Endlich fuhren sie befriedigt in Richtung Jena ab. Allerdings dauerte die Heimfahrt wieder einige Tage. Indessen besuchte Steinschmidt jeden Vormittag die Heinei, fand aber die Tür verschlossen, da die Ferienkommission verreist war. Dann stürzte der Unglückliche zum Burgkeller und wollte erfahren, wo sein Gefährt hingekommen sei. Die Burgkelleraner müßten doch als Burschenschaftler Bescheid wissen! Schließlich verstieg er sich zu Drohungen und rief erregt aus: „Ich weiß, was ich mache! Ich geh bei'n Prorektor!"

Aber diese Drohung machte auf die gänzlich unschuldigen Burgkelleraner zu wenig Eindruck. So ging es sechs Tage lang. In der darauffolgenden Nacht hörte er, wie vor seinem Hause mit der Peitsche geknallt wurde, und eilte hinaus. Da stand wirklich die Steinspritze und davor die geduldige Himmelsziege. Aber die Insassen waren verschwunden. O weh, der Fuhrmann wollte doch noch Fahrgeld erheben. Die Heinei zeigte sich immer noch verschlossen, denn die Ferienkommission schlief noch. Wieder fand sich Steinschmidt auf dem Burgkeller ein, fand aber ebensowenig Unterstützung wie früher.

Abermals drohte er: „Ich geh bei'n Prorektor!" Später traf der Erzürnte aber doch Leute von der Reisegesellschaft. Da gab es noch eine schwierige Verhandlung. Er verlangte für sechs Tage nicht weniger als 60 Mark Fahrgeld. Ihm wurde dagegen vorgehalten, wenn die Fahrten für den Stadtrat mit dem Sand zustande gekommen wären, würde er kaum so viel verdient haben. Pferd

Entw. u. ausgef. v. F. W. Geiling. Lith. Anst. v. Werner & Winter, Frankfurt a. M.

Spritzfahrt.

und Wagen hätten außerdem zusammen nur einen Wert von 56 Mark. Dies sei in Erfurt einwandfrei festgestellt worden. Die Miete dürfe doch nicht den Wert des gemieteten Gegenstandes übersteigen!

Schließlich muß doch eine Einigung zustande gekommen sein, denn Steinschmidt hat es nicht mehr nötig gehabt, „bei'n Prorektor zu gehen".

Der überzählige Pfennig

Wie schon erwähnt, hatte Großherzog Karl August die reitenden Studenten von der Zahlung des Chausseegeldes befreit. Dieses Vorrecht galt aber natürlich nur in seinem Lande, im Großherzogtum Sachsen-Weimar-Eisenach. Ein Student war im Sommer 1882 nach Roda (heute Stadtroda) geritten, ohne das fällige Chausseegeld von 31 Pfennigen zu bezahlen. Er hatte nicht beachtet, daß diese Stadt zum Herzogtum Sachsen-Altenburg gehörte. Der Studiosus bekam eine Strafverfügung und sollte den zehnfachen Betrag = 3,10 Mark zahlen.

Karl August

Der Jüngling gehorchte. Per Postanweisung schickte er mit entsprechender Widmung 3,11 Mark, also einen Pfennig mehr, „an den Räuberstaat Altenburg".

Der Fall wurde seiner Magnifizenz gemeldet. Der Student bekam eine Ladung vor das akademische Gericht. Jenes wurde damals das Biergericht genannt. Den zuviel gezahlten Pfennig erstatteten die Herren ihm zurück. Er mußte über den Empfang quittieren und für einen Tag in das „Hotel zur akademischen Freiheit" wandern, nämlich in den Karzer. An der Wand des Karzers war danach zu lesen, daß hier ein ganz Unschuldiger eingesperrt worden war, der dem Staate Altenburg nur ein kleines Kapital hätte stiften wollen.

Wie ein Jenenser Studiosus seine Schulden bezahlt

Das 19. Jahrhundert hatte schon einige Jahre seinen Zenit überschritten, da kam ein Jenenser Studiosus in seinem neunten Semester zu Besuch in die alte Musenstadt. Er hegte die löbliche Absicht, eine „Schar Bären abzubinden". Zu diesem Zwecke hatte der kluge Jüngling eine größere Summe Geldes daheim „losgeeist". Das Schuldenbezahlen ist immerhin eine schmerzliche Tätigkeit, und mit einiger Wehmut sieht man die blanken „Goldfüchse" in den weitgeöffneten Händen der „Philister" verschwinden. Was lag daher näher, als daß sich das bemooste Haupt diesen Schmerz versüßen und den Wermutsbecher mit einem Tröpfchen Humor würzen wollte?! Er ging daher nicht ohne weiteres zu den „Philistern", zählte das Geld auf den Tisch und ließ sich eine gewöhnliche Quittung darüber ausstellen, sondern schrieb diese Quittung selbst und legte sie zur Kenntnisnahme vor. So bescheinigte der Schneidermeister G. folgendes: „Für ein Paar extrafeine Sonntagshosen, welche ich für den Herrn Kandidaten X. angefertigt habe, empfing ich soeben mit vielem Dank den Preis von 24 Mark, obgleich ich dieselben hätte billiger herstellen können."

Der Drechslermeister H. unterschrieb mit Vergnügen nachstehende Bescheinigung: „Ich, der Drechslermeister H., bekenne hiermit äußerst geknickt, daß mir die Freude, den Herrn Kandidaten X. zu meinem Schuldner zu haben, durch dessen mir unbegreifliche Zahlungseilfertigkeit vereitelt worden ist. Obgleich ich überzeugt bin, daß derselbe sein Geld praktischer hätte anlegen können als in solchen Dingen, wie ich sie verkaufe, so habe ich ihm diese Dummheit doch nie übelgenommen und quittiere, wehmütig schluchzend, über 50 Mark.“

Und so unterschrieben sie alle, der Posthalter, Schuhmacher und andere ehrenwerte „Philister“.

Den Haupttrumpf aber sollte sich die alte Philine (Wirtstochter) Frl. H. leisten. Bei ihrer seligen Mutter hatte der nunmehrige Kandidat als Fuchs ein Semester gewohnt, aus alter Anhänglichkeit aber immer noch einen Rest seiner Wirtsschuld anstehen lassen. Nun wohnte das junge, oder eigentlich nicht mehr ganz junge Mädchen im dritten Stock des schmalen Hauses am Markt. Der alte Fuchs hatte ihr angekündigt, daß er am Vormittag heraufkommen und den Rest seiner Schuld bezahlen würde.

Das gute alte Mädchen war hocherfreut und versprach, eine Kanne Bier bereitzuhalten. Als der Schnapphans an der Rathausuhr elfmal vergeblich nach dem Apfel geschnappt hatte, bewegte sich von dem am Markt gelegenen Verbindungshause ein kleiner Zug schräg über den Markt. Voran der dem Leser nun schon bekannte Student. Hinter ihm schritten forsch acht weißbemützte Füchse. Er betrat mit ihnen das Haus, ließ sich das im ersten Stock befindliche Zimmer von dem Inhaber öffnen und stellte an jedes Fenster – das ganze Haus hatte immer drei in der Front – einen Fuchs. Im zweiten Stock wohnte ein Schuster, auch er mußte seine drei Fenster für je einen Fuchs hergeben. Dann ging es hinauf zum dritten Stock, wo Frl. H., bereits ängstlich über die seltsamen Vorbereitungen, den Rest der Deputation empfing. Besagter Student hielt eine feierliche Anrede, sprach von der christlichen Nächstenliebe, von der Bedeutung des akademischen Studiums im allgemeinen und von dem sittlichen Wert des Schuldenbezahlens im besonderen. Dann trank er nebst seinen Begleitern von dem dargebotenen Bier und trat mit ihnen ans Fenster.

Mit weitschallender, den Anwohnern des Marktes wohlbekannter Stimme hielt der Studiosus nunmehr an die gesamte Bürgerschaft Jenas und das sich allmählich ansammelnde Volk eine zündende Rede. Darin gab der Sprecher den Anlaß zu dieser Feierlichkeit kund. Da wurden die Tugenden der beiden Philisterinnen, Mutter und Tochter, gepriesen. Er gedachte ihrer liebevollen Pflege mit solcher Rührung, daß ein Taschentuch zur Hilfe herangezogen werden mußte. Seinem Beispiel folgten die aus den Fenstern sehenden Füchse, welche ihre Schnupftücher gleichfalls zum Zeichen ihrer Ergriffenheit rangen. Nunmehr verlas das „alte Haus" mit lauter Stimme folgende Quittung vor versammelter Zuhörerschaft: „Jena, 26 Tage vor Weihnachten 1883. Ich, die Jungfrau Karoline Friederike Anna H., geboren am 29. April 1848 in der großherzoglich sächsischen Residenz- und Universitätsstadt Jena bei Camsdorf, bezeuge hiermit unter häufig vergossenen, aufrichtigen, eigens dazu mitgebrachten Tränen, daß ich von dem äußerst liebenswürdigen, von mir äußerst hochverehrten Herrn X., Kandidaten der Philologie und sonstiger Dinge, soeben ganz wider Erwarten den Rest seiner im Jahr 1880 bei meiner seligen Mutter kontrahierten Schulden erhalten habe. Niemals werde ich ihm diese edle Tat vergessen; noch in meinen letzten Jahren, welche hoffentlich noch recht fern sind, werde ich mit wonnigem Entzücken daran denken, wie Herr X. als fideler Fuchs auf unserer Bude wohnte, Waldhorn blies, Klavier spielte, sang, aus dem Fenster die Beine heraushing und Reden an das versammelte Volk hielt. Ich schließe tief geknickt mit dem frommen Wunsche, daß einmal ein großer Mann aus ihm werden möge, welches ihm mein Mütterchen ja jedesmal versprach, so oft er Geld bezahlt hatte."

Mit einem donnernden Hoch auf das liebliche späte Mädchen schloß die Feierlichkeit, für deren Veranstaltung Frl. H. tief gerührt dankte. Freilich hatte sie entsetzt aufgeschrien, als ihr etwas fernab liegender Geburtstag urbi et orbi verkündet ward. Diese Zierde der Jenenser Jungfrauen wurde leider sehr bald in der Blüte ihrer Jahre von einer bösen Krankheit dahingerafft.

Die studentische Räuberfahrt

Am 24. 2. 1928 sind die Burschenschaften wieder einmal mit dem Sonderzuge nach Weimar gefahren, um geschlossen der „Räuber"-Aufführung im Deutschen Nationaltheater beizuwohnen und der Vorstellung ihr besonderes Gepräge zu geben. Damit wurde ein alter Brauch gepflegt, der es durchaus verdient, lebendig erhalten zu bleiben. Er ist entstanden aus jugendlicher Begeisterung für die Gestaltung einer Sturm- und Drangwelt durch Schiller in seinen „Räubern" und erhielt sich. Weil „von oben herab" diese Fahrt mehrfach gehemmt wurde, unterblieb sie aus Trotz, aus Freude am Doch-Sieg nicht. Allerdings schmeckten frühere „Räuberfahrten" oft stark nach Jenaer Studentenulk. Es ging entweder vierspännig zu Wagen oder mit dem Schlitten von Jena nach Weimar. Daß dabei die Teilnehmer sehr brav geblieben wären, kann niemand voraussetzen. Den veränderten Verhältnissen entsprechend, ging die Fahrt in oben erwähntem Jahr mit der Eisenbahn. Wohl büßte sie dadurch an Romantik ein, aber ist das schlimm? Außerdem, hätten sich genügend Pferde und Wagen oder eine ausreichende Zahl von Kraftwagen auftreiben lassen?

Kein Geringerer als Goethe hat einmal versucht, die regelmäßige Weimar-Fahrt der Jenaer Studenten zu unterbinden. Sie trieben in der sonst so friedlichen Residenzstadt manchen Ulk, den man dort nicht gewöhnt war. Und der alte Herr Geheimrat war den freiheitlich gesinnten Studenten durchaus nicht grün. Das beruhte übrigens auf Gegenseitigkeit. Zudem gefiel es ihm nicht, daß die Studenten Extempore bei der Aufführung mitspielten. Der Dichter suchte diese empfindliche Störung des Spieles dadurch einzudämmen, daß er zunächst das Vorrecht der Studierenden auf billigere Parkettpreise aufhob. Damit zog Johann Wolfgang von Goethe sich den Unwillen der gesamten Studentenschaft zu. Außerdem sprach er das Verbot aus, nach dem Räuberlied das „Gaudeamus igitur" zu singen und „zum Besuche der Räubervorstellung vierspännig mit Pferden nach Weimar zu fahren". Eine Woge mächtigen Zorns ging durch die Studentenscharen. Goethe ließ nicht mit sich spaßen, „sein Theater" sollte nur der Kunst dienen, nicht durch Studentenübermut entheiligt werden. Aber er verlor den Kampf doch!

Für den 1. März 1813 war wieder eine Räuberaufführung angesetzt. Ein paar Tage vorher tagte in der „Rose“ eine allgemeine Studentenversammlung. Selbstverständlich beschloß man, geschlossen nach Weimar zu fahren. Schließlich wurde deklamiert: Wenn Herr von Goethe keine Vorzugspreise bewilligen wolle, dann solle er merken, daß der freie Bursch sich eine teure Einlaßkarte auch kaufen kann. Wer kein Geld dazu habe, der solle es sich pumpen. Die Sorge um die Fahrt wurde dem Präsidium überlassen.

Zur festgesetzten Stunde rückte ein großer Wagenpark von Jena ab und zog durch das Mühltal nach Weimar. In Umpferstedt stieg die Reisegesellschaft vor dem Gasthause ab, um sich durch eine solenne Frühkneipe für den Weiterzug zu stärken. Hier wurde den Kommilitonen erst klar, was geplant war. Unter Hinweis auf eine ganze Herde bunt geschmückter, gehörnter Vierfüßler erklärte der Vorsitzende: „Gefolgschaft habt ihr uns gestern geschworen, heute sollt ihr sie leisten. Wohl ist uns verboten, vierspännig zu Pferde nach Weimar zu fahren, aber von Ochsenviergespannen steht nichts im Verbot. Also werden wir die anspannen.“

Was für ein Streich! Jubelnd wurde umgespannt, und bald konnte die Fahrt losgehen. Wer keinen Platz auf dem Wagen fand, ging hinterdrein, und zwar im Gänsemarsch, den Rockzipfel des Vordermannes in der Hand. An der Spitze trabte ein Eselreiter, hocherhoben ein Schild tragend, von dem die Worte leuchteten: „Im Namen des Herrn von Goethe! Daß mir kein Student mit vier Pferden nach Weimar kommen thut. Ruhe ist die erste Bürgerpflicht!"

Zu beiden Seiten schritten Pagen und trugen ebenfalls Schilder. Auf dem einen stand: „Tages Arbeit, abends Gäste, saure Wochen, frohe Feste! Wolfgang von Goethe".
Und das andere besagte: „Schmeißt die Studenten aus Weimar raus. Wirklicher Geheimrat von Goethe, Oberpolizei-Soldat.“

Zwischen den Hörnern der Zugtiere waren sogar launige Inschriften befestigt, von denen eine lautete:
„Jeder Musensohn trägt zehn Groschen schon
in der Tasche sein, Goethe komm, und nimm sie ein!“

Im Ochsentempo zog die „Karawane“ vor das herzogliche Schloß in Weimar. Karl August bekam natürlich längst Nachricht von dem herannahenden Zug und ergötzte sich weidlich an dem Streich. Der Herr Geheimrat neben ihm setzte eine etwas bittersaure Miene auf, hatte er doch schon die Befürchtungen laut werden lassen, die Studenten könnten ihm die Fensterscheiben einwerfen. Schweigend zogen die Studenten vorüber, versäumten aber nicht, die Plakate recht hoch zu halten. In den Marktwirtshäusern sorgten sie für ihr leibliches Wohl und beschlossen, eine Verhandlungsabordnung zu entsenden, welche Goethe zur Rücknahme seiner Verbote veranlassen sollte. Der Geheimrat konnte gegen die Anwesenheit der Studenten in Weimar nichts machen, denn Karl August hatte sie offensichtlich gebilligt. Grollend zog er sich zurück und befahl, niemanden, am allerwenigsten aber Studenten, zu sich zu lassen. So wies der Dichter die Abordnung zurück. Betrübt zogen die Studenten ab. Über diese Nachricht erfreut, wich die üble Laune von Goethe. Er ließ jene Fenster öffnen, die nach der Gartenseite lagen. Nun setzte sich der geniale Dichter behaglich in seinen Arbeitssessel und genoß in vollen Zügen die milde Vorfrühlingsluft.

Plötzlich aber fiel ein Schatten ins Zimmer. Im Fensterrahmen erschien eine Couleurmütze, und fröhlich klang es herein: „Gehorsamster Diener, Herr Geheimrat!“ Kaum war der Kopf verschwunden, als ein zweiter auftauchte und dem Geheimrat seinen Gruß entbot. Dann folgte ein dritter, ein vierter und wieder einer, um der Exzellenz in gleicher Form seine Ehrerbietung zu zeigen. Auf einer Leiter stiegen die Abgeordneten herauf und kletterten am Spalier wieder hinab. Was blieb anderes übrig, als zum bösen Spiel gute Miene zu machen?

Also ließ er die jungen Leute einsteigen und fragte nach ihren Wünschen. Goethe wollte sich nicht sofort darauf einlassen, die Verbote rückgängig zu machen und freie Parkettplätze anzuweisen. Doch kurzerhand stellten die Hartnäckigen ihm ein Ultimatum: Wenn er nicht nachgebe, so wurde überaus glaubwürdig versichert, dann stellten in der folgenden Nacht fünfhundert Kommilitonen Weimar auf den Kopf. Der Gedanke daran muß für Goethe sehr unbehaglich gewesen sein, denn um die Nachtruhe seiner Mitbürger war Exzellenz außerordentlich besorgt. So gab er es den Studenten schriftlich: „Anweisung auf freien Parkettplatz für heute abend im Theater und Erlaubnis zum Singen des Gaudeamus“. Als sich die Buntbemützten aber auf dem gleichen Wege, auf dem sie gekommen waren, wieder entfernen wollten, hielt der berühmte Hausherr sie davon ab und zeigte ihnen den richtigen Weg durch die Vordertür. Der Diener Goethes mag ein geistreiches Gesicht gemacht haben, als er den kurz vorher Abgewiesenen nun die Tür zum Austritt öffnete.

Die Studenten jubelten natürlich. Und als abends in der Vorstellung Herzog Karl August in seiner Loge erschien, erhob sich ein Freudengeschrei ohne Ende. Und wieder wurde ein Plakat sichtbar, auf dem aber nun die Worte standen: „Friede mit Herrn von Goethe! Vivat Wolfgang von Goethe!“ Dann klang das „Gaudeamus“ so laut wie nie zuvor. Nach der Aufführung dachten die Sieger lange nicht an die Heimfahrt, denn die Ochsen brauchten erst am anderen Morgen wieder in Umpferstedt zu sein.

Später wurde dieser Ochsenzug noch verschiedentlich wiederholt, als Erinnerung an den gelungenen Streich, den man 1813 dem Geheimrat von Goethe gespielt hatte. Viele, viele Jahre danach noch nahm bei ihrer „Räuberfahrt“ die Studentenschaft im Parterre Platz und eröffnete den ersten Akt mit drei Strophen des Liedes „Stoßt an, Weimar soll leben!“ Der Sprecher der präsidierenden Burschenschaft schloß den Gesang und gab mit den Worten: „Das Spiel kann beginnen!“ das Zeichen zum Aufziehen des Vorhanges. Sobald die Räuberbande „Ein freies Leben führen wir, ein Leben voller Wonne" gesungen hatte, erhob sich der Sprecher der Studenten und verkündete: „Das können wir besser! Wir singen Gaudeamus igitur“. Dann schallte begeisternd der ehrwürdige Kantus durch das Haus. Anschließend ging das Spiel weiter.

Von dem studentischen Drum und Dran dieser Räuberfahrten ist das meiste im Laufe der Jahrzehnte den veränderten Zeitverhältnissen zum Opfer gefallen. Bleibt zu hoffen, daß die Jenenser Studenten bald wieder in großer Zahl durch die Straßen Weimars schlendern und wie einst viele sich an dem Bilde frischfröhlichen Studententums freuen. Es werden dann wie einst Mädchen an den Fenstern stehen und nach den Studenten sehen, und wer will, der schaut hinauf. Nur noch wenige Zeitzeugen der letzten stattgefundenen Räuberfahrten wird es geben. Für jeden, der einmal dabei sein durfte, bleibt die Räuberfahrt sicher eine schöne Erinnerung aus der Studentenzeit.

Die fidele Festungshaft

Die „Gartenlaube“ veröffentlichte 1861 eine Schmunzelgeschichte von und über einen Jenaer Studenten, dessen Name vermutlich beabsichtigt im Verborgenen bleibt.

In der ersten Hälfte des 18. Jahrhunderts wurde der draufgängerische Jüngling wegen eines Pistolenduells, dessen Hintergrund dem Leser vorenthalten wird, zu zwei Jahren Gefängnis verurteilt.

Die Strafe sollte er auf der Wartburg verbüßen. Damals führte nach Eisenach noch keine Eisenbahnlinie. Der Verurteilte durfte daher auf seine eigenen Kosten mit einer Kutsche transportiert werden. Zu seinem „Schutz“ und zur „Begleitung“ hatten die Ordnungshüter einen Unteroffizier auserkoren.

Am Tage vor der Abfahrt erschien ein unbekannter Herr in der Zelle des Studenten und fragte ihn, ob eine gemeinsame Fahrt nach Eisenach angenehm wäre. Der Gefangene entgegnete, er würde ganz gerne Gesellschaft haben, sei jedoch Häftling. Der Arrestant hieß den Fremden, sich an den Unteroffizier zu wenden.

„Der hat nichts dagegen und hat mich an Sie gewiesen“, erklärte der Herr.

„So fahren Sie getrost mit, morgen früh um acht geht's fort“, lautete die Antwort.

Der Herr kam pünktlich, mit ihm der Unteroffizier, ein dicker, gemütlicher Kerl. Letzterer zeigte auf sein Gewehr und bedeutete lächelnd dem Gefangenen „Is nich geladen.“ – „Brauchen's auch nicht“, erwiderte der Student, ihm auf die Schulter klopfend.

Da es in Strömen regnete, lud der Student seinen Bewacher, der auf dem Bocke neben dem Kutscher Platz nehmen wollte, ein, sich doch lieber mit in den Wagen zu setzen. „Na, wenn Sie's erlauben – nein, es geht doch nicht, ich bringe mein Gewehr nicht in den Wagen hinein.“ – „Dann lassen Sie es doch draußen.“ – „Ja, das darf ich nicht. Aber – das Wetter ist doch gar zu schlecht. Sie werden mir nicht weglaufen, ich will's riskieren.“ Nun saßen alle drei, sich gemütlich unterhaltend, im Wagen. Unterwegs wurde hie und da gekneipt. In Erfurt, wohin man mittags gelangte, wohnte ein Onkel des Studenten. Der Gefangene machte diesem in Begleitung des Unteroffiziers einen Besuch. Beide wurden trefflich bewirtet. Dann ging's in heiterster Stimmung weiter. Gegen Abend trafen sie in Eisenach ein und stärkten sich noch mit einigen Seideln, bevor sie den Weg zur Wartburg antraten. Unterwegs rief der Unteroffizier plötzlich: „Donnerwetter, ich habe mein Gewehr und meine Handschuhe unten gelassen!“ Der Student meinte, das schade ja nichts, denn das Gewehr werde ja nicht gebraucht. Da indessen der Mann des Gesetzes darauf beharrte, er dürfe ohne Waffe und Handschuhe mit seinem Gefangenen nicht antreten, riet ihm der Student, schnell zurückzulaufen und beides zu holen. Er werde langsam weiter gehen, so daß der Unteroffizier ihn bald wieder einholen könne. Nach kurzem Zögern rannte dieser zurück und holte den Gefangenen auch wenige Schritte vor der Burg wieder ein.

Sie wurden von der Frau des Kastellans empfangen. „Ah, die Herren wünschen wohl die Burg zu sehen? Mein Mann kommt gleich.“ Der Kastellan erschien, und der Unteroffizier meldete ihm vorschriftsmäßig den Gefangenen. Der Kastellan aber hatte noch keine gerichtliche Benachrichtigung erhalten und erklärte, er wisse von nichts. Es sei keine Vorbereitung getroffen, und der Gefangene könne nicht dableiben. Alle Einwendungen fielen auf taube Ohren. Als der Unteroffizier fragte, was sie denn da machen sollten, riet er ihnen, den in seiner Wohnung in Eisenach aufhältlichen Direktor der Wartburg aufzusuchen und zu hören, was der sage. Das geschah denn auch, doch der Herr Burgdirektor wußte gleichfalls von nichts. Aber da der Student an ihn eine Empfehlung von einem Verwandten besaß, äußerte der Direktor, er sei erfreut, die Bekanntschaft des jungen Mannes zu machen. Leider könne er ihn nicht bei sich behalten, da hierzu nicht die Räumlichkeiten vorhanden seien. Er riet ihm, in den „Mohren“ zu gehen, das sei ein sehr guter Gasthof. Morgen wollten sie sich dann zusammen auf die Burg begeben. Nachdem ihm der Student ehrenwörtlich versichert hatte, daß er nicht durchbrennen werde, gingen Unteroffizier und Gefangener in den „Mohren“. Hier verabschiedete sich ersterer. Nächsten Tages begab sich letzterer mit dem Direktor auf die Burg.

Hocherfreut bezog nun der Verurteilte ein vorzüglich ausgestattetes Zimmer. Beköstigen durfte sich der Student selbst. „Wenn Sie mir Ihr Ehrenwort geben, daß Sie keinen Fluchtversuch machen“, sagte am Nachmittag der Kastellan, „so können wir oft zusammen auf die Jagd gehen, es gibt hier einen sehr guten Wildstand.“ – „So jagte ich“, schließt der Student, „aß und trank vortrefflich und lebte so angenehm, daß es mir beinahe leid tat, als ich erfuhr, daß meine Haft im Wege der Gnade von zwei Jahren auf vier Wochen herabgesetzt worden war."

Die Wette

Spottbild. Ein Student pumpt einen Philister an.

Anfang des Sommersemesters 1864 kamen auf einer Spritztour einige Kartellbrüder der „Thuringia“ nach Jena auf „Fremdenpump“. Obwohl ihnen Geld zur Verfügung gestellt wurde, beabsichtigten sie, einen „Philister“ anzupumpen, „und wenn es der Großherzog selbst wäre!“ Über diese tolle Idee flogen die Worte hin und her, bis es zu einer Wette kam. S., später Arzt in Hamburg, nahm die Wette an. Mit seinen Kommilitonen fuhr er nach Weimar und erhielt eine Audienz. Der Großherzog Karl Alexander, den S. mit „Ew. Magnifizenz“ als den Rektor anredete, ging auf den Ulk ein und wies den diensttuenden Kammerherrn an, dem Studenten 25 Taler auszuzahlen, wogegen dieser das Ehrenwort gab, es wiederzusenden. Die Wette war gewonnen! S. hielt aber sein Wort und ließ dem „Rektor“ die Summe wieder zugehen. Umgehend aber erhielt sie S. zurück.

S. solle sie auf des Landesherren Wohl mit seinen Freunden vertrinken, niemandem aber verraten, woher er das Geld habe, da sonst der „Rektor“ wohl von seinen Studenten zu häufig würde angepumpt werden!

Der „ewige“ Student

Die Erinnerungen an ein urfideles bemoostes Haupt, das vor vielen Jahrzehnten zu den populärsten Persönlichkeiten Jenas gehörte, sollen durch nachfolgende Geschichte wachgerufen werden. Lutterkorth, ein junger Student, war durch den plötzlichen Tod seines Vaters, eines Papierfabrikanten im ostpreußischen Tilsit, ganz unverhofft in den Besitz eines großen Vermögens geraten. Nun hatte er das Brotstudium nicht mehr nötig und entschloß sich, unter der akademischen Jugend Jenas so lange zu verweilen, wie es ihm gefiel. Das „liebe närrische Nest“ aus Goethes Tagen, das sich damals noch wenig verändert zeigte, hatte es ihm angetan. So ward er denn professioneller ewiger Student, Spaßmacher und Tunichtgut. Im Erdenken wunderlicher Streiche war Lutterkorth von geradezu genialer Erfindungskraft, und es verlohnt sich, wenigstens die besten seiner Scherze der Vergessenheit zu entreißen. Erinnert sei hier an den berühmtesten Ulk des Studenten, die Romfahrt.

Eines frühen Morgens bei der Heimkehr von einem Gelage in der Rasenmühle faßte er den Entschluß, eines jungen schwärmerischen Studenten der Archäologie und Kunstgeschichte brennende Sehnsucht zu erfüllen und spornstreichs mit ihm nach Rom zu reisen. Ohne jegliche Reiseausrüstung, ganz in dem Aufzuge, in dem beide sich gerade befanden, begaben sie sich schnurstracks zum Bahnhof und reisten mit dem nächsten Zug über den Brenner nach Rom. Dies geschah trotz des Einspruchs des jungen Kommilitonen, sich wenigstens mit dem Nötigsten versorgen zu dürfen.

Auf dem Bahnhof Roms angekommen, setzte er sich zu einem dauerhaften Kartenspiele mit seinem Freunde nieder, dessen heißes Herz in wilder Erwartung des zu Schauenden fast zu zerspringen drohte, und dem das Kartenspiel eine entsetzliche Qual war. Doch Lutterkorth, der Rom bereits gut kannte, blieb unerschütterlich und räsonierte fortwährend auf Rom und dessen „jämmerliche Trümmer“. In immer größeren Zorn schien er über diesen „nichtsnutzigen Haufen von Schutt und Scherben“ und seinem „widerlichen Modergeruch“ zu geraten. Schließlich sprang Lutterkorth ganz empört auf und packte den Freund am Arm. Indem er ihm klarzumachen versuchte, daß es ihre „Ehrenpflicht“ sei, einem solchen Orte sofort unter Protest den Rücken zu kehren, zog Lutterkorth ihn hinaus auf den Bahnsteig und in den nächsten Zug. So dampfte er mit dem fürchterlich Enttäuschten wieder dem heimischen Jena entgegen, ohne ihn in Rom mehr haben sehen zu lassen als die vier Wenzel des Kartenspiels und von weitem die Trümmerpracht der Thermen des Diokletian.

Ein anderer wunderlicher Streich war die Hervorrufung einer Münzkrisis in Jena. Eines schönen Tages gab der Schalk in der „Jenaischen Zeitung“ bekannt, daß er „bis auf weiteres Nickel- und Kupfergeld zu kaufen gedenke, und zwar werde er für 25 10-Pfennig-Stücke und 5-Pfennig-Stücke und Kupfermünzen im Betrage von 2,20 Mk. einen Taler zahlen.“

„Die kleinen Leute Jenas, namentlich die Handwerker und Krämer, trugen ihm bald alles Kleingeld ins Haus und steckten dafür schmunzelnd die schönen blanken Taler ein. Aber es währte nicht lange, und aller Handel und Wandel in Jena begann zu stocken. Allenthalben fehlte das Kleingeld. Die Preise mußten nach oben

Wirtshauspostkarte

abgerundet werden, und die meisten waren zum Borg gezwungen. Lutterkorth aber zog das Kleingeld im wahren Sinne des Wortes auf Flaschen. Alle die ihm zugetragenen Nickel- und Kupfermünzen füllte er in Wein- und Selterswasserflaschen ab, die sich in ungeheuren Batterien in seiner Wohnung ansammelten. 3000 blanke Silbertaler soll der „ewige Student" auf diese kuriose Weise unter die Leute gebracht haben. Als schließlich die Behörden aufmerksam wurden, da machte er sich mit ein paar Freunden aus dem Staube, und zwar wieder auf die seltsamste Weise.

Die zahlreichen Flaschen mit dem Kleingelde wurden verladen, und sie selber steckten sich sämtlich in orientalische Gewänder. Nun war Lutterkorth ein persischer Prinz.

Seine Freunde bildeten das Gefolge. Über Frankfurt, Homburg, Baden-Baden ging die Reise in die Schweiz und nach Vorarlberg. Die Blätter brachten Berichte über die vermeintlichen exotischen Gäste und deren fabelhafte Freigebigkeit. Überall, wo sie sich sehen ließen, erregte es das größte Aufsehen, daß der persische Prinz stets nur mit kleiner Münze zahlte und sein Geld in Flaschen aufbewahrte. Auch davon sprachen die Blätter, namentlich die Frankfurter. Alsbald ließ sich ein Gießener Orientalist hören, daß dies nicht allgemeiner „morgenländischer Brauch" sei. Doch die Stämme einzelner tatarischer Wörter deuteten auf Flaschenbörsen und trinkgeldspeiende Gefäße hin. Ihren Ursprung habe diese Sitte in Turkestan. Auch nach Jena drang endlich die Kunde von den orientalischen Flaschengeldmännern. Die „Jenaische Zeitung" sprach alsbald die Vermutung aus, daß diese vermeintlichen turkestanischen Flaschenportemonnaies Jenaer Weinflaschen seien, die ganze Perserreise nichts als ein Studentenulk sei . . .

Dies sind die drei berühmtesten Scherze Lutterkorths. Als er älter und des tollen Vagantenlebens überdrüssig wurde, verließ der humorvolle Mann Jena auf Nimmerwiedersehen. Eines Tages war in den größten deutschen Blättern die gleichlautende Notiz zu lesen, der bekannte ewige Student Lutterkorth sei bei einer Fahrt auf einem Bodenseedampfer ins Wasser gestürzt und ertrunken. Die Bodenseedampfergesellschaft dementierte jedoch diese von Lutterkorth zweifellos selber verfaßte Nachricht umgehend. Indes ist er seitdem verschollen geblieben und gerichtlich längst für tot erklärt worden.

Das hinterlassene Vermögen fiel seinen ostpreußischen Verwandten zu.

Jenas berühmtester Pedell

Der pflichteifrigste, schlauste und dabei doch gutmütigste Pedell, den die akademische Polizei der Jenaer Universität jemals zu den Ihrigen gezählt hat, war Christian Friedrich Kahle.

Ihm Bösgesinnte nannten den agilen Mann nicht den „berühmtesten", sondern den „berüchtigtsten" Pedell. Aber dies waren diejenigen, die seinerzeit vor ihm auf der Hut sein und sich oft vor ihm in Sicherheit bringen mußten. Es waren die Herren Studenten von Anno dazumal.

Der gebürtige Ziegenhainer verheiratete sich am 27. Mai 1828 in jenem Ort, der Zeuge seiner ersten Atemzüge wurde. Johanne Susanne Charlotte Wilhelmine Stopfel aus Jena schenkte ihm am 22. November 1829 eine Tochter. Kahle wohnte lange in dem Hause der Oberlauengasse, in dem 1817 bis 1819 der Student Karl Ludwig Sand wohnte und Gleichgesinnte empfing. Der Mörder des vom deutschen Bürgertum verachteten Abgesandten des russischen Zaren und Dramatikers Kotzebue verbrachte hier die letzten Tage in Freiheit.

An einer Fensterscheibe des Gebäudes war ein Herz mit den Initialen des durch Schwert hingerichteten Sand und den Jahreszahlen seines hiesigen Aufenthaltes eingraviert. Dem Betrachter entgingen die darunter als Zeichen des Widerstandes angebrachten gekreuzten Schwerter nicht.

Der Pedell Kahle war ein Mann von mittlerer Größe und von ziemlich behäbigem Aussehen. Seine Gesichtszüge zeigten Gutmütigkeit und Verschmitztheit. Er war ein starker Schnupfer, und seine Schnupftabaksdose spielt eine häufige und keineswegs unbedeutende Rolle in den mannigfachen Geschichten, die von ihm überliefert sind.

Kahles amtliches Dasein war ein ständiger Kampf mit den Studenten, in dem von beiden Seiten alle Listen aufgewendet wurden, sich gegenseitig zu überrumpeln. In dem spannenden Kampf suchte der Pedell seine Gegner bei den verbotenen Mensuren zu überraschen. Die Studenten wiederum gaben sich Mühe, dem allzeit Wachsamen ein Schnippchen nach dem anderen zu schlagen, was ihnen auch in vielen Fällen gelang. Hierbei darf nicht vergessen werden, daß der Pedell es leider versäumt hat, seine Memoiren zu schreiben. So stammen die überlieferten Berichte in der Hauptsa-

Pedell Kahle

che von den mit ihm auf lustigem und listigem Kriegsfuße stehenden Söhnen der Alma mater.

Dieser „lustige Krieg“ darf nicht verwundern, denn Kahles Tätigkeit fiel in die aufgeregte Zeit vor 1848. Schon als 1832 Fritz Reuter nach Jena kam, trat er mitten in eine Periode leidenschaftlichster Gärung in den Burschenschaften. Der humoristische Dichter berichtete einst seinem Vater, daß dem Amtmann, mehreren Professoren und Privatleuten die Fenster eingeworfen und die Pedelle durchgeprügelt worden seien. Auch Kahle mußte nicht

Entw. u. ausgef. v. F. W. Geiling.

Mensur

Lith. Anst. v. Werner & Winter, Frankfurt a/M.

.uf Stoss.

bloß einmal die Fensterscheiben in seiner Wohnung in der Oberlauengasse erneuern lassen, wobei nicht vergessen werden darf, den bemerkenswerten Umstand zu vermelden, daß dabei von den Attentätern die historische Fensterscheibe mit Sands Inschrift stets verschont wurde. Duelle und Mensuren waren an der Tagesordnung. An die Stelle der Schläger und krummen Säbel war der Stoßdegen getreten und in Jena der dazugehörige Komment eingeführt. Der Marktplatz war der große Fechtsaal der Studenten, wie Franz von Sonnenfeld, ein ehemaliger Jenaer Student, in der Zeitschrift „Die Illustrierte Welt“ aus dem Jahre 1864 erzählt, der „zu jeder Stunde des Tages Scharen von Musensöhnen aufgestellt sah, welche, die Linke in die Hüfte gestemmt, in der Rechten den blitzenden Degen gegen den Gegner schwangen, freilich nur spielweise, nicht im Ernst. Aber auch bei diesem Waffenspiel kam es nicht selten vor, daß der eine oder andere Fechter eine so gute Klinge schlug, daß diejenige des Gegners entzweisprang und das davonfliegende Stück einen der Umstehenden verwundete.“ Der Stoßkomment wurde unter dem Prorektorat des Professors Karl Wilhelm Göttling (geb. 1793, gest. 1869 in Jena) aufgehoben. Selbst der Besitz eines Stoßdegens war streng verboten.

Als die eigentlichen Schlachtfelder der Duelle bezeichnet v. Sonnenfeld die Dörfer Wöllnitz, Lichtenhain und Ziegenhain. Zuweilen gingen auch die jungen Draufgänger, wenn Entdeckung zu befürchten war, weiter fort, nach Kahla, Dornburg usw. „In der Nähe von Jena“, berichtet v. Sonnenfeld weiter, „fanden die Duelle gewöhnlich auf freien, lichten Anhöhen statt, von denen man nach allen Seiten hin schon die herannahenden Pedelle gewahren konnte, um den Paukapparat rechtzeitig in Sicherheit zu bringen und die Freiheit der eigenen Person zu retten. Aber unter den Pedellen befand sich damals einer von besonderer Schlauheit: Kahle hieß der Mann. Wenn man sich in vollständiger Sicherheit glaubte, nach allen Seiten hin die zuverlässigsten Wachen ausgestellt waren und nun das Duell ruhig und regelrecht beginnen konnte, so fuhr unser Kahle auf einmal wie ein Blitz aus heiterem Himmel mit einem ‚Abgefaßt!‘ auf den Kampfplatz, und da lief dann die Sache auch im besten Falle niemals ganz glatt ab.“

Der schlaue Kahle mußte freilich auch manche Kränkung hinnehmen. Wenn es den Studenten gelang, seine verräterischen Schleichwege zu durchkreuzen, wurde nichts gespart, und mehr als eine Anekdote ist hierüber landläufig geworden. In der Tat, Kahle war von ungewöhnlicher, herausragender Schlauheit. Bestätigt wird dies auch von dem ehemals der Teutonia angehörigen, in den neunziger Jahren des 19. Jahrhunderts verstorbenen Sanitätsrat Dr. Clemens aus Dortmund.

Genannter erklärte: „Kahle war bei den Studenten von Jena und anderen Universitäten eine sagenumwobene Gestalt, es wurden Wunderdinge von ihm erzählt, doch übertrieb man dabei nicht.“ Natürlich übten auch die Studenten nach Möglichkeit ihren Schabernack an ihm. Wenn sich Kahle auf der Straße zeigte, sangen die Studenten das Kahleliedchen:

„Kahle kömmt, Kahle kömmt,
Kahle kömmt von Jene,
macht euch auf, macht euch auf,
macht euch auf die Beene“,

worauf der Pedell prompt in seinem rauhen Bierbaß antwortete:

„Kahle kömmt ganz abgehetzt,
meine Herrn, ich hab' Sie jetzt.“

Eines schönen Tages hatte sich ein Mann, der ebenfalls Kahle hieß, erhängt. Sofort verbreitete sich das Gerücht, Kahle habe sich ums Leben gebracht. Jeder mit ihm bekannte Student, der ihn traf, blieb nun ganz betroffen stehen und rief mit größtem Erstaunen: „Gott sei Dank! Sie leben ja noch, ich hatte gehört, Sie hätten sich erhängt.“

Der englische Humorist Jonathan Swift hat einer seiner bekanntesten Satiren den Titel „Das Märchen von der Tonne“ gegeben. Dieser Titel paßt auf einen Hauptulk, der über Kahle erzählt wird. Abermals soll hier den Darstellungen des Franz von Sonnenfeld, jedoch in Verkürzung, gefolgt werden.

Der Wirt R. in Wöllnitz und „Burgherr“, wie ihn die Studenten nannten, war treu wie Gold und wußte die Studenten mit eigenen Opfern sicherzustellen. In einem in der Nähe seiner Schenke befindlichen Speicher war ihre Paukhalle eingerichtet. Der Wirt hatte darin noch eine besondere Öffnung graben lassen, in welche bei einem plötzlichen polizeilichen Überfall der Paukapparat schnell hineingeworfen werden konnte. Bei offenen Türen focht man hier die blutigsten Fehden aus. Erschien die Polizei, so mußte sie stets mit langer Nase, von den Studenten verlacht und verhöhnt, wieder abziehen. Nicht genug! Es kam nicht selten vor, da luden die Musensöhne die Wächter zum Spott zu einem kühlen Bier in den verdächtigen Speicher ein. Kahle hatte nun sein

Entw. u. ausgef. v. F. W. Geiling.

Abg

Lith. Anst. v. Werner & Winter, Frankfurt a/M.

asst.

Augenmerk schon längst auf diesen Speicher gerichtet. Er wußte genau, daß dort alle Wochen, oft mehrmals, duelliert wurde. Der Pedell spähte nach einer Gelegenheit, der Sache auf den Grund zu kommen. Einst hatte er herausgebracht, daß an einem bestimmten Tage dort eine große, durch schwere Beleidigungen motivierte Paukerei abgehalten werden sollte, an welcher mehrere Studentenverbindungen beteiligt waren. Schon vor Tagesgrauen wandelte Kahle nach Wöllnitz und schlich sich in die Nähe des Speichers, wo er schon einige Tage vorher eine umgestürzte Biertonne stehen gesehen hatte. Sachte wandte der Diener von Gesetz und Ordnung sie auf die Seite, schlüpfte wie ein zweiter Diogenes in das Faß und richtete dasselbe, so gut es gehen wollte, wieder in die alte Stellung.

Der Pedell mußte lange warten, bis der erste Morgenstrahl durch das Spundloch der Tonne leuchtete, und noch länger, bis sich die Flügel des Speichers öffneten und die Duellanten, Sekundanten, Paukärzte, Zeugen und Zuschauer sich auf dem Kampfplatze einfanden. Endlich vernahm er aus der Schenke das Geräusch aneinander klingender Biergläser, die lauten Stimmen sich Zutrinkender. Ein schauderhafter Durst plagte ihn, erweckt und gesteigert durch den Biergeruch des Fasses. Aber der Tüchtige hielt standhaft aus und tröstete sich mit dem unvergleichlichen Fang, der in der nächsten halben Stunde zu erwarten war. Endlich nahten die Attentäter. Kahle erkannte ganz genau die Stimmen der Anordner und schmunzelte in sich hinein, als er hörte, wie sie ihre Wachen aufstellten. Jetzt klirrten die Waffen im Speicher. Der Pedell hätte die Paukanten abfassen können! Aber er wollte erst das Duell in Gang kommen lassen, bevor er mit seinem triumphierenden „Abgefaßt" die Bande überführte.

Doch der Schlaue machte seine Rechnung ohne einige Hunde, welche sich bei der Studentenschar befanden. Eine solche Bestie schnupperte in eigentümlicher Weise an der Tonne herum. Andere Hunde kamen herbei und stimmten ein verdächtiges Gebell an. Einige Studenten wurden aufmerksam, näherten sich vorsichtig der Tonne und entdeckten bald durch das Spundloch den Verstörten. „Kahle ist hier!" ertönte es entsetzt. Erschreckt stürzte alles aus dem Speicher und umringte das Faß. Mehrere Hände griffen bereits zu, es umzustürzen. Aber ein paar bemooste Häupter gaben flüsternd eine andere Weisung dahingehend, man solle die Tonne so schwer belasten, daß der Insasse nicht darunter hervorkriechen könne. „Sogleich saßen einige kräftige Burschen auf derselben und schlugen mit ihren baumelnden Absätzen aufs kräftigste auf die Dauben; so daß es tönte, als ob ein großmächtiger Küferhammer ihre Reife antrieb. Hohnlachend standen andere mit ihren langen Pfeifen um das seltsame Gefängnis, während der größere Teil der Studenten in und vor dem Speicher stand, in welchem inzwischen das Duell in bester Ordnung lustig vor sich ging. Da man nun denjenigen, der eine zahlreiche Studentenschar im Speicher wie in einer Falle fangen zu können glaubte, selber in der Falle wußte, so verging den hitzigsten Gegnern die Kampfeswut, und war es ihnen weniger darum zu tun, einander zu verwunden, als vielmehr durch fürchterliches Schwertgeklirr und alle möglichen verpönten Duellsignale den armen Kahle in seiner Tonne zu ärgern. Das Duell war zu Ende; der Ehre war genuggetan; der Paukapparat wurde sorgfältig in Verwahrung gebracht, und nun umringte die ganze Studentenschar die verhängnisvolle Tonne. „Kahle raus! Kahle raus!" ertönte es wie aus einem Munde. Wie eine Glasglocke wurde die Tonne von Kahle weggehoben; mit nicht enden wollendem Jubel wurde der Arme, der da kauerte wie ein begossener Pudel, begrüßt. Wenn sich in diesem Augenblick die Erde aufgetan und ihn verschlungen hätte, Kahle hätte nichts dagegen einzuwenden gehabt. Freundlich wollte man ihn bewirten, reichlich bewirten, aber Kahle empfand keinen Durst mehr. Wie sich der jubelnde Studentenzug der Schenke zu bewegte, fand er Gelegenheit, zu entweichen. Ohne mehr zurückzusehen, eilte er Jena zu.

Wesentlich anders lautet die Darstellung des Sanitätsrats Dr. Clemens: „Bei Wöllnitz sollte einst eine Paukerei stattfinden; als die Schleppfüchse die Waffen brachten, warf einer die Frage auf: ‚Wo verstecken wir die, wenn Kahle kommt?' – ‚Oh, die werfen wir dort in das Wasserfaß', welches in einiger Entfernung auf dem Felde stand, auf dem eben Kohl gepflanzt worden war, der wohl mit dem Inhalte des Fasses begossen werden sollte. ‚Füchse, geht hin', sprach ein altes Haus, ‚und gießt das Faß einstweilen aus.' Die Füchse gehorchten, machten aber verblüffte Gesichter, als sich aus dem Faß der untersetzte Kahle erhob, der sie mit den freundlichen Worten ‚Guten Morgen, meine Herren' begrüßte. Daß die Füchse dem schlauen Kahle beim Aussteigen aus dem Faß nicht behilflich waren, sondern frech logen, sie hätten, vom großen Durste getrieben, nur trinken wollen, ist ja begreiflich. Bis Kahle aus dem Faß kam, waren die anderen Studenten von der Bildfläche verschwunden. Schon am andern Morgen hing in dem Schaufenster des Porzellanmalers Eichel in der Leutragasse eine Zahl bald reißend abgehender Pfeifenköpfe, auf denen in schwarzer Silhouettenform ein Faß abgebildet war, aus dem ein schwarzer Pudel sah, dessen lange Zunge von den Worten ‚Guten Morgen, meine Herren' gebildet wurde. Kahle schmunzelte vergnügt, wenn er einen Studenten mit einer solchen Pfeife sah."

Der Tonnensturz

Welche von beiden Schilderungen die richtige ist oder der Wahrheit näher kommt, wagt wohl heute niemand mehr zu entscheiden. Demselben Berichterstatter verdankt der Leser auch die nachfolgende Anekdote.

Kahle jagte eines Tages einem Studiosus nach, der auf seinen Zuruf „Im Namen des Prorektors, halt!“ nicht achtete, sondern seine Flucht fortsetzte. Vor dem Universitätsamt sahen sich beide

wieder. „Warum sind Sie nicht stehengeblieben, als Ihnen der Pedell im Namen des Prorektors Halt gebot? Sie wissen, daß darauf die schwersten Strafen stehen.“ – „Ich werde den Deibel tun“, erwiderte der Student, „es war ein toller Hund hinter mir, ich wollte nur mein Leben retten.“ – „Ein toller Hund?“ fragte der Amtmann erstaunt, „wie kam der dahin?“ – „Ja, das weiß ich nicht, er kam mit dem Pedell. Es war ein ganz abscheuliches Tier, mit Triefaugen und einem ruppigen Schwanz.“ Dabei stand dem Studenten der Ausdruck tiefsten Ekels im Gesicht. „Ich bin sehr nervös und habe eine angeborene Angst vor tollen Hunden.“ – „Kahle, haben Sie einen Hund, und war der damals bei Ihnen?“ . . . „Jawohl, Herr Amtmann.“ – „Bringen Sie ihn einmal hierher.“ Da das treue Tier seinem Herrn bis an die Tür gefolgt war, konnte es bald erscheinen. Es war ein kleiner Pinscher, der allerdings weit sichtbare Anzeichen der Räude an sich trug. Der Amtmann betrachtete das Scheusal eine Zeitlang schweigend. Offenbar hocherfreut, einen Grund gefunden zu haben, den Studenten freisprechen zu können, sagte er: „Allerdings, Kahle, schaffen Sie das Tier ab.“ Kahle ließ den Hund noch am selben Tag vom Schinder abtun, und der Student wurde losgesprochen. Als dies bekannt wurde, fragten die Studenten bei jeder Gelegenheit: „Herr Kahle, wo ist denn Ihr Hund?“ Kahle legte dann die geballte Faust an die Seite seines Halses und sagte: „Der da!“ Damit deutete er an, er habe ihn auf Befehl des Amtmanns, der Inhaber eines gewaltigen Kropfes war, abschaffen müssen.

Eines Tages wurde dem vielgeplagten Pedell wieder solches Leid angetan, das leicht schlimme Folgen hätte haben können. Die Studenten brannten damals in der Neujahrsnacht auf dem Markt ein großes Feuer an. Selbiges war jedoch streng verboten. Die Pedelle waren angewiesen, diesen groben Unfug mit allen Mitteln zu verhindern.

Um die sündigen Vorhaben im Keime zu ersticken, paßten sie scharf auf, damit keinerlei Vorbereitungen getroffen wurden. Besonders in den letzten Stunden des Jahres war höchste Wachsamkeit angesagt. Die Pedelle schienen bestens gerüstet, argwöhnisch rekognoszierten sie den Markt. Da überschwemmte kurz vor 12 Uhr eine große Schar Studenten den Platz. Gleich darauf entstand in einer Ecke anscheinend eine wilde Keilerei. Natürlich eilten die Pedelle hin, um Ruhe zu stiften. Sie fanden aber keine Streiter, sondern nur Studenten, die sich laut zum Jahreswechsel beglückwünschten. Jetzt rochen sie Lunte und rannten schnell nach dem für das Feuer erkorenen Platze zurück. Zu spät. Die Studenten hielten das Holz unter ihren Röcken verborgen. Kaum hatten die Pedelle den Rücken gewandt, so warfen sie die Scheite aufeinander und steckten den Haufen in Brand. Ihn noch zu löschen, war unmöglich. Die Pedelle konnten nur zuschauen, wie in üblicher Weise die Mützen ins Feuer flogen und allerlei Beutestücke, wie Firmenschilder und Fensterläden, nachfolgten. Kahle stand mitten im Gedränge. Plötzlich begann es auf seiner Rückseite unheimlich zu knallen. Bei jedem Knall sprang der erschrockene Kahle in die Höhe. Irgendein Leichtfuß hatte Kahle einen Feuerwerkskörper, einen Frosch mit brennender Lunte, in die Rocktasche praktiziert. Zum Glück kam Kahle ohne körperlichen Schaden davon. Nur sein Rock hatte Schaden erlitten.

Trotz der vielen Streiche, die ihm die Studenten spielten, genoß er die allgemeine Achtung seiner Mitbürger und sogar die der Studenten. Sie lachten sehr gerne auf seine Kosten. Dies aber beruhte wohl auf Gegenseitigkeit.

Als der unermüdliche „Studentenjäger“ Christian Friedrich Kahle am 4. Juli 1861 starb, schworen die Jenaer Studenten, seiner stets in Ehren zu gedenken.

Entw. u. ausgef. v. F.W. Geiling.

Im C

Lith. Anst. v. Werner & Winter, Frankfurt a/M.

.rcer.

Auf dem Karzer lebt sich's frei!

Am Morgen wurde das Opfer des Biergerichts unter feierlichem Spritzkannen- und Bierglasgeläute sowie unter dem frenetischen Beifall einer nach Tausenden zählenden Menschenmenge und dem steinerweichenden Schluchzen seiner Begleitung im prunkvollen Komitat zum Karzer geleitet. Dort wurde der Delinquent vom Karzerwärter und seiner Frau liebevoll in Empfang genommen.

Sie geleitete ihn die hölzernen Stiegen zu den Karzerräumen hinauf. Hierbei umhüpfte und umtanzte das Paar der Karzerhund „Äffchen". Unaufgefordert nutzte er die Chance, einige seiner wunderlichsten Kunststücke zu zeigen. Sie waren der göttlichen Geduld unsterblichster Langeweile der Karzerinsassen im Laufe der Jahre geschuldet. „Äffchen" war ein seltenes Exemplar eines echten Karzerhundes, denn sein Fell zeigte die Karzerfarben braun – weiß – schwarz, deren Bedeutung in den magischen Worten Bier – Unschuld – Rache lag.

Von den Räumlichkeiten des akademischen Zuchthauses wurde dem Karzeranten Zelle 1 zum Wohnsitz angewiesen. Nach einer eingehenden Besichtigung derselben, wobei ihm der Wandschmuck und die überall angebrachten Verse und Sprüche imponierten, begab er sich durch den ebenfalls fürstlich dekorierten Korridor in die benachbarten „Zimmer". Zelle 2, die geräumigste von allen, trug an der Tür die Aufschrift „Speisesaal". Zelle 3 wurde als „Fegefeuer" angezeigt und hatte noch folgenden Spruch an der Tür: „Tritt ein! Vergiß, ein Mensch zu sein!" Ein kleines, geheimes Kabinett trug die bedeutsame Bezeichnung: Sitzungszimmer oder aromatische Dunkelkammer. Eine weitere Aufschrift in Zelle 2 überzeugte den hohen Gast, daß dieses Haus auch „Hotel zur akademischen Freiheit" hieß.

Mit besonderem Interesse besichtigte noch der Delinquent in Zelle 2 die mineralogische Sammlung, welche durch ihre Reichhaltigkeit sowie den hohen Wert respektive das Nichtvorhandensein einzelner Stücke in die Augen fiel. Es befanden sich hier: das versteinerte Herz eines unbarmherzigen Richters; eine lange Nase, die alles riecht; das studentische Wunschsäckel (dessen Kieselsteine zu Goldstücken werden sollten); ein hohles Ei (aber nicht das echte des Kolumbus); eine Fliegen-, Mäuse- und Mädchenfalle neuester Konstruktion und noch viele andere Stücke von größter Seltenheit.

Nach diesen überwältigenden Eindrücken zog sich der Herr Karzerant auf sein Zimmer zurück und beschloß, das suspendierte Korps Carzeria wieder aufzutun. Flugs schritt man zur Chargenwahl. Diese ergab:

1. Charge: Seine Hoheit der Herr Karzerant Spund XXXII.
2. Charge: derselbe.
3. Charge: ebenderselbe.

Sodann wurde der erste offizielle Frühschoppen um 10 h. c. t. eröffnet und trotz des im Nebenhause stattfindenden Anatomiekollegs mit kräftiger Stimme als erstes Offizielles gesungen: „Und in Jene lebt sich's bene". Hierauf hielt der erste Chargierte eine Rede auf die Hinfälligkeit alles Erdenglücks und schloß mit furchtbaren Drohungen gegen alle Erzphilister.

Anschließend rieb er einen Salamander auf den alten Hanfried auf dem Markte, den Beschützer der akademischen Jugend in Jena und ihrer Freiheit.

Nach dem Frühschoppen fand ein großes Diner statt. Das Korps beschloß, der Frau Stritzke seine Anerkennung wegen ihrer guten Kochkunst auszusprechen. Der Antrag wurde sofort mit Begeisterung aufgenommen und im gegebenen Moment ausgeführt.

Daran schloß sich ein Spaziergang im Park des Korpshauses, die Besteigung der Turmruine zur schönen Aussicht, die auch als Bade- und Höhenluftkurort benutzt wurde. Nach dem Kaffee geruhte das Korps zu duseln. Zur Feier des ersten Tages im Korps Carzeria wurde beim Antritt der Dunkelheit illuminiert. Raketen (Streichhölzer) flogen ununterbrochen in die Luft.

Plötzlich, nachts, erfolgte das Wecken des hohen Korps durch liebliche Töne aus dem Bärenschlaf. Eine große Korona sang am Gartenzaun des Hotels: „Am Brunnen vor dem Tore". Das Korps bedankte sich für die dargebrachte Ovation.

Am nächsten Morgen wurde das hohe Korps durch ein schauderhaftes Tosen, Schnaufen und Poltern aus seinem Dusel geweckt. In den benachbarten Räumen krachten die Türen. Die gestrenge Stimme des Karzerwächters wurde hörbar, und bald darauf erklang aus dem „Speisesaal" das alte Lied: „Auf dem Karzer lebt sich's frei!"

In Filzpantoffeln und Hose, als Zeichen seiner Würde die lange Knasterpfeife in der Rechten und das Karzercerevis auf dem Haupte, machte sich das ganze hohe Korps Carzeria zur Begrüßung der neuen Ankömmlinge bereit. Da ging auch schon die Tür auf, und zwei Karzergäste traten in würdiger Verfassung zur Antrittsvisite an. Sie meldeten sich sogleich beim hohen Korps Carzeria aktiv. Die Aufnahme erfolgte sogleich beim bisherigen Ersten nach alter Karzersitte durch drei Schläge mit dem heiligen Filzpantoffel auf die Sitzmuskulatur. Es wurde dann sofort eine neue Chargenwahl vorgenommen. Ergebnis:

1. Charge: Seine Hoheit der Herr Karzerant Spund XXXII.
2. Charge: Seine Schuftigkeit der Herr Karzerant Rinaldini.
3. Charge: Seine Bierherrlichkeit der Herr Karzerant Schläucherl.

Rinaldini wurde im Nebenamte Schmuckwart, Schläucherl sollte als Poet die rühmlichen Taten des hohen Korps der staunenden Mit- und Nachwelt in Versen verkünden.

Es war nun an der Zeit, zum Frühschoppen überzugehen. Rinaldini und Schläucherl hatten in verborgenen Falten ihres Verbrechergewandes Wein und Kognakflaschen mitgeführt. Aber von den spähenden Blicken des listigen Karzerwärters entdeckt, wurden diese so hochnötigen Erfrischungen das Opfer seiner griffgeübten Hände. Sogleich nahm er die Flaschen und verstaute sie im Verbrecherkeller des Karzers.

Aber ein guter Hauskobold hatte mit den armen Verschmachtenden Mitleid. Er entdeckte ihnen in einer verborgenen Ecke, in einer Mauerhöhlung, Flaschen mit Brunnenetiketten. Deren Inhalt erwies sich zur großen Überraschung bei der sogleich vorgenommenen Probe als köstliches Ziegenhainer Weißbier.

Der himmlische Stoff ließ sich sofort in Wassergläsern verzapfen. Es stieg ein fideles Fest, das jedoch durch das Erscheinen der Karzermutter unterbrochen wurde, die der Kneiptafel stumm, mit bedeutungsvoller Miene das Karzerreglement vorlegte.

Man beschloß nun bei der Wichtigkeit des Aktenstückes den Inhalt auch der Bürgerschaft von Jena durch das offenstehende obere Stockwerk des Fensters, die unteren Flügel waren vernagelt, mitzuteilen. Dies geschah allsogleich und fand bei den vorübergehenden ungeahnten Beifall.

12 h 34 ' 56 ' ' nach der Karzernormaluhr stieg das Diner, das die Karzermutter zur Feier des glorreichen Tages besonders reichlich zusammengestellt hatte.

Der Hofpoet lieferte zu dem Festdiner ein schwungvolles Tafelgedicht. Wiederum konnte der Kerkermutter die Anerkennung des Korps ausgesprochen werden.

Es folgte nun der wohlverdiente Verdauungsschlaf und nach diesem der offizielle Renommierbummel im Hotelpark.

Nachmittags fanden im Speisesaal, der für einige Zeit zum Mensurlokal umgewandelt wurde, einige Mensuren statt. Die drei Chargen traten mehrmals gegen feiste Brummer an und stachen jedesmal nach einigen Gängen unberührt ab.

Während sich alsdann der Schmuckwart der Vervollständigung der Wanddekorationen zuwandte, trieben die anderen mit großem Eifer Stumpfsinn.

Gegen Abend fand ein Konvent statt, in dem folgender Beschluß gefaßt wurde: „Die Exklusivität des Korps kann nicht ganz gewahrt werden, da der Verkehr mit der Außenwelt zwecks Einschmuggelung von Spirituosen und Zigarren (durch Zeichen und Wunder oder auf andere übernatürliche Weise, siehe Karzerordnung 2a) aufrechterhalten werden muß."

Der Dämmerschoppen begann hierauf. Der Präside eröffnete die Kneiptafel, indem er mit dem Hausschlüssel auf den Tisch schlug. Musik ertönte, und es stieg als erstes: „Was die Welt morgen bringt". Die Bierflaschen wurden als Feinde des Vaterlandes bezeichnet und mit gräßlichen Rufen bedacht.

Abends 10 h 45 ' 12 ' ' nach der Karzernormaluhr dimittierte der Präside Schläucherl wegen inkommentmäßigen Benehmens für fünf Minuten auf den „locus terroris".

11 h Schläucherl sah weiße Mäuse. Eine halbe Stunde später: Diese bekamen Junge.

11 h 59 ' 59 ' '. Rinaldini erblickte weiße Hereros. Daraufhin sah sich das Präsidium genötigt, um 12 h 13 ' 11 ' ' den Dämmerschoppen aufzuheben.

Am andern Morgen eröffnete die Kerkermutter dem hohen Korps, daß durch den gewissen Lärm in der Nacht eine Wöchnerin bei der Geburt ihres dreizehnten Kindes gestört worden sei. Dies habe Folgen. Eine Flasche Bier wurde am Abend entzogen, was großen Jammer im Verbrecherkeller bewirkte.

Jedoch milderte sich das Unglück bald dadurch, daß Spund von zu Hause Geld bekam. Er übernahm hochherzig die noch unbesetzte Stelle des Kassenwarts.

Beim Renommierbummel im Hotelpark ließ sich das Korps vollzählig auf der Schloßruine fotografieren und beschloß, ein Bild als Zeichen des Dankes und der gegenseitigen Wertschätzung dem hohen Biergerichte zu übersenden.

Nachmittags und im Laufe der nächsten Tage erhielt das „Hotel zur akademischen Freiheit" Besuch von allerlei Persönlichkeiten,

Entw. u. ausgef. v. F. W. Geiling.

Cor

Lith. Anst. v. Werner & Winter, Frankfurt a/M.

at.

von denen das weibliche Geschlecht vom Korps mit besonderer Freundlichkeit empfangen und auf alle Schönheiten der Räume aufmerksam gemacht wurde. Den freien und ungestörten Rest des Tages brachten die Insassen mit Bewunderung der Kunstübungen des Schmuckwarts und mit einem Dauerskat zu.

Am Abend des nächsten Tages legte das ganze Korps eine zweistündige große Korpstrauer an, da Korpsbursch Rinaldini in der Frühe des nächsten Tages die gastlichen Räume verlassen mußte. Korpstrauer dokumentierte sich durch einen schwarzen Fleck auf der Stirn und der linken Wange.

Unbarmherzig nahte die Abschiedsstunde. Mit Tränen der Rührung in den Augen nahm Seine Schuftigkeit Rinaldini von den getreuen Karzergenossen Abschied, die ihm bis zur Treppe das Komitat gaben.

Zwei Tage später verließ auch Schläucherl die heiligen Hallen. Ganz einsam blieb Spund zurück. Ihm hatte das hohe Biergericht eine vierzehntägige Strafe verordnet. Stumpfsinn, Weißbier und eine Tabakspfeife bildeten seine tägliche geistige Nahrung.

Zwar versuchten in einer Nacht todesmutige Freunde, ihn zu befreien. Aber die alte Leiter brach unter der schweren Wucht des Retters Schlump zusammen. Auf den Lärm hin wurde die ganze Rettungskolonne vom wachsamen Karzerwärter in die Flucht gejagt.

Eines Nachmittags kam Korpsbursch Schläucherl am Zaun des Hotels Spund besuchen. Er sah scheußlich abgemagert aus seit seiner Entlassung und jammerte, daß ihm sehr der Karzermutter gute Pflege fehle.

Endlich rückte auch für den vielgeprüften Dulder Spund der Tag der Freiheit heran. Beim letzten Frühkaffee vertiefte er sich in folgende Morgenbetrachtung: Ich saß hier 14 Tage oder 336 Stunden oder 20 160 Minuten oder 1 209 600 Sekunden. Angenommen, ich erreichte ein Alter von 60 Jahren (was bei meiner guten Körperkonstitution immerhin möglich ist!), so verbrachte ich hier, da 60 Jahre = 21 915 Tage sind =

$$\frac{14}{21\,915} \quad \text{oder} \quad \frac{1}{1\,565\,357\,(142\,857)}$$

meines Lebens.

Stimmt's?

Mit einem kräftigen

Vivat! crescat! floreat! Carzeria!

suspendierte Spund XXXII. das Korps Carzeria bis auf weiteres.

Studentischer Galgenhumor

Notorisch ist, daß es in früheren Zeiten unter den Studenten viele gab, die sich den Tag über statt mit dem Studium der Wissenschaft mit Bierseideln und damit zusammhängenden Dingen beschäftigten. Nicht selten verlängerte sich infolgedessen die „Studienzeit" bis Ultimo. Außerdem geriet so mancher Studiosus bis an den Hals in Schulden.

Nicht jeder hatte aber unter solchen Umständen soviel Humor übrig wie jener Student, der einem Gastwirt auf einen kräftigen Mahnbrief folgendes Lebenszeichen übermittelte:

Drum Brüder, laßt das Sorgen!

München, 22. 1. 1900

Motto:

Mensch, bezahle Deine Schulden
Lang ist ja die Lebensbahn,
Und Du mußt noch oftmals pumpen,
Wie Du es schon oft getan!

Sehr geehrter Herr X
Wirklicher Geheimer Ober-Gast-Rat
und Herbergsvater!

Zunächst bestätige ich Ihnen hiermit pflichtschuldigst den Empfang Ihres Tretbriefes. Seien Sie von ganzem Herzen, von ganzer Seele und von ganzem Gemüt dafür bedankt; denn Sie haben mir einige frohe und genußreiche Stunden dadurch verschafft, und die Trübseligkeit, welche sich meiner in der letzten Zeit bemächtigt hatte, ist durch den gesunden und urwüchsigen Humor, welcher aus jeder Zeile ihres lieben Briefes spricht, wieder verschwunden. Wie ich meine Schuld zu regulieren gedenke, fragen Sie? Soweit menschlicher Scharfsinn es ermessen kann, dadurch, daß ich sie bezahle. Doch ist es nicht ausgeschlossen, daß ich später als praktischer Arzt oder Geburtshelfer Sie und Ihre verehrte Familie, die der Himmel täglich vergrößern möge, kostenlos bis zur Tilgung der Schuld behandle, oder daß ich später selbst einmal Ihre Kneipe pachte und Ihnen dann einen Kredit bis zur Höhe des meinigen eröffne. Leider sind augenblicklich hier in München Kohlen, Petroleum und Streichhölzer so teuer, daß ich Ihnen beim besten Willen keine größere Abzahlung machen kann. Dagegen werde ich Ihnen Mitte Februar eine kleinere Anzahlung machen. Lassen Sie also den Mut nicht sinken, lieber Herr X., ich tue es auch nicht. Am 1. Mai gedenke ich übrigens unter Glockengeläut und Kanonendonner wieder in Jenas altersgraue Mauern einzuziehen und werde bis zur Abtragung meiner Schuld bei Ihnen Frondienste verrichten. Sollte aber in meinem Kontobuch noch eine leere Seite sein, so werde ich dieselbe vielleicht erst noch ausfüllen, auf daß kein Papier verschwendet werde.

Und nun behüt' Sie Gott, lieber Herr X. Lassen Sie bitte recht bald wieder etwas von sich hören und seien Sie nebst Frau Gemahlin und Fräulein Tochter viel tausendmal gegrüßt von Ihrem

ewigen Schuldner N. N.

Der Herzog von Lichtenhain

Fast jede studentische Korporation in Jena hatte ihr „Bierdorf". Die Einwohner des betreffenden kleinen Ortes in Jenas Umgebung standen in herzlichstem Einvernehmen mit den Angehörigen der Korporation. Sie übten größte Geduld gegenüber den tollsten Streichen derselben. Nicht selten unterstützten sie manchen ärmeren Studiosus, kurz, rechneten sich ihre Bierdorf-Eigenschaft zur Ehre.

Der erste Chargierte derjenigen Verbindung, welche ihr Außenquartier in das bekannte Lichtenhain, eine Exklave des damaligen Herzogtums Sachsen-Meiningen, gelegt hatte, nannte sich stolz „Herzog von Lichtenhain".

Im Jahre 1882 war der Inhaber der ersten Charge ein passionierter Weidmann. So nimmt es nicht wunder, daß Genannter unbekümmert, ja inbrünstig, die Rechte des Jagdbesitzers negierend, in den Wäldern Lichtenhains auf Rehbockpirsch zog. Niemand wagte es, ihn anzuzeigen. Aber eines Tages begegnete ihm, der mit geladener Büchse mitten im Reviere dem Weidwerke huldigte, der zuständige meining'sche Förster. Dieser wollte ihn stellen. Als er ihn nach seinem Namen frug, antwortete der Student, indem er dem Förster einen vernichtenden Blick zuwarf: „Mann, kennen Sie den Herzog von Lichtenhain nicht!" Der Erfolg war der gewollte. Der Mann schlug die Hacken zusammen, salutierte und ging seiner Wege.

Immerhin glaubte der Förster den Vorfall seiner Behörde melden zu müssen. Die Meldung gelangte bis zu dem Oberjägermeister in Meiningen, der einst selbst in Jena studiert hatte. Er legte nun dem Theaterherzog Georg die Meldung vor. Dieser nahm sie an sich mit dem Bemerken, daß er den Fall selbst erledigen werde.

Wenige Tage danach brachte der Postbote in Jena dem ersten Chargierten der in Rede stehenden Verbindung einen Brief mit großem herzoglichen Siegel und mit der Anschrift: „An Seine Hoheit den Herzog von Lichtenhain in Jena". Der Brief hatte folgenden Inhalt:

„Euer Liebden

haben, wie Mein Jagdpersonal Mir berichtet hat, in Meinen Forsten zu Lichtenhain zu jagen geruht. So hohe Ehre dies für mich ist, bitte ich dennoch Euer Liebden, hinfüro in hochderen eigenen Forsten jagen zu wollen. Ich verbleibe Euer Liebden freundwilliger Vetter

(gez.) Georg, Herzog von Meiningen."

Entw. u. ausgef. v. F. W. Geiling.

Auszug des Herzog

Lith. Anst. v. Werner & Winter, Frankfurt a/M.

von Lichtenhain.

Vater und Sohn

Der später in Berlin als Obermedizinalrat und Professor lebende Dr. Rieß schrieb einst an seinen Vater einen Brief, dem er eine Rechnung beilegte.

Hierin erfuhr der Hamburger Bäckermeister, daß die Promotionskosten seines Sprößlings auch eine Champagnerrechnung von achtzig Talern enthielten, welche dem sogenannten Doktorschmaus geschuldet war.

Sofort schrieb er aus dem Norden zurück:

Hochedelgeborener, hochgeehrter Herr Doktor,

hochgeehrtester Herr Sohn!

Meinst Du, vermaledeites Champagnergesicht, daß mir das Geld vom Baume fällt? Ich und Deine Mutter trinken Dünnbier bei Tische, und abends im Ratskeller trinke ich den Wein nicht höher als zu vierzehn Schillingen, und Du, Gelbschnabel, saufst CHAMPAGNER? – Wenn Du, Bursche, in den vier Wochen, die Du zur Einrichtung Deiner Angelegenheiten noch dort bleiben willst, noch einen solchen Schmaus gibst, drehe ich Dir den Hals um, wenn Du nach Hause kommst.

Übrigens verbleibe ich mit schuldiger Hochachtung Ew. Hochwohlgeboren meines hochgeehrten Herrn Sohnes und Doktors gehorsamster Diener und Vater

Rieß, Bäckermeister.

Der Bierstaat Lichtenhain

Eine recht ergötzliche Schilderung des Jenaer Studentenlebens im Jahre 1818 bietet die unter dem Titel „Goethe als dummer Junge" im Jahrgang 1860 der „Gartenlaube" enthaltene kulturhistorische Skizze. Der Name des Verfassers, der sich aber als ein in vollstem Sinne „Eingeweihter" kundgibt, wird leider nicht genannt. Nachdem er eine ausführliche Darstellung des bekannten Theaterstreits zwischen Goethe und dem Herzog Karl August vorausgeschickt hat, kommt der Unbekannte ziemlich unvermittelt auf den hochberühmten „Bierstaat Lichtenhain" zu sprechen. Einige der von ihm mitgeteilten Kuriosa verdienen wohl, der Vergessenheit entrissen zu werden. Dabei kommt es weniger darauf an, ihre Glaubwürdigkeit in allen Fällen bis auf den I-Punkt „historisch" nachzuweisen, als daß sie gut erfunden und unterhaltsam zu lesen sind.

In der Geschichte der Weltstaaten, meint der Verfasser, ist es sehr zweifelhaft, ob sich in Babylon, Assyrien oder anderswo die erste große asiatische Monarchie gebildet hat. In der Geschichte der Bierstaaten dagegen ist es ganz ausgemacht, daß dem Dorfe Lichtenhain bei Jena die Ehre gebührt, den ersten Bierstaat der Welt in seiner Mitte gegründet zu haben. „Viel später, erst am 21. August 1818, wurde von den strengen ‚Altdeutschen' die Bierrepublik Ziegenhain gegründet, an deren Spitze ein Landammann stand, umgeben von einem souveränen großen Rat und einem engeren als Exekutivbehörde. Staunenswert waren die Anstrengungen dieser republikanischen Partei, den Monarchisten den Vorrang im Trinken abzugewinnen. Sie übten sich Tag und Nacht und zwar mit dem glänzendsten Erfolge ... Noch später, am 3. März 1822, wurde unter Popp I. die Grafschaft Wöllnitz von den Franken errichtet ... In Ammerbach stand einige Jahre hindurch ein Großherzogtum in höchster Blüte ..." Die Gründung des Bierstaates Lichtenhain sei nach dieser Leseart nicht ausschließlich das Werk der Studenten, sondern bierdurstiger Besucher Lichtenhains im allgemeinen. „Seit undenklichen Zeiten nämlich ..., so berichtet schon ein gelehrtes altes Haus der Burschenschaft, bestand in Jena ein wundersamer Brauch. In der Nähe der Stadt liegt das Dorf Lichtenhain, welches sich, wenn auch keineswegs durch die Güte seines Bieres, so doch durch die löbliche Eigenschaft desselben auszeichnet, daß man eine ungeheure Quantität davon zu sich nehmen kann."

Entw. u. ausgef. v. F. W. Geiling.

Bier

Lith. Anst. v. Werner & Winter, Frankfurt a M.

Staat.

Der werte Leser darf hieraus durchaus den Schluß ziehen, daß der Autor anscheinend kein Liebhaber des köstlichen weltberühmten Lichtenhainer Weißbieres gewesen ist. Er hat es nicht verstanden, dessen einzigartige Vorzüge zu würdigen. Die in seinen Worten ausgedrückte schändliche Verleumdung muß jedenfalls entrüstet zurückgewiesen werden. Weiter heißt es in den erwähnten Zeilen: „Nach diesem Dorfe nun wollten die durstgequälten Jenenser und stifteten in altersgrauer Zeit einen eigenen Staat, das heißt, sie wählten aus ihrer Mitte einen Herzog, Minister, Räte, Forst- und Jagdbeamte usw. Auch errichteten sie einen Verdienstorden, Kannenorden genannt, für besondere Bierverdienste, und alles, was sonst noch zu einer wohlkonditionierten Regierung nötig ist ... Nach dem Muster Polens war der Staat ein Wahlreich. Jeder Ebenbürtige, das heißt, jeder regelmäßige Besucher Lichtenhains hatte die aktive und passive Wahlbefähigung. Ein polnischer Reichstag war indessen in Lichtenhain nicht zu fürchten. Denn um allen Wahlintrigen vorzubeugen und nur dem wahren Verdienst die Krone zu geben, wurde an jedem Kneiptag regelmäßig zu Buche gebracht, wieviel ein jeder zu sich genommen. Nach Ablauf des Jahres wurde das Fazit gemacht, und wer dann in einem Jahre am meisten getrunken, wurde als der Fähigste, als der Vörderste, als der Fürst gekürt. Der beste Biertrinker nach dem Fürsten war der Kronprinz, dann kamen die Minister, der Erzbischof, der Kanzler, Reichsherold usw. bis auf den Hofpoeten und Hofzeitungsschreiber herab ...“

Seit Menschengedenken führten die Herrscher Lichtenhains den Namen Tus. Wenn die Zahl 100 in der Reihe voll war, fing man von vorne an zu zählen. Im Mai 1818 saß auf dem Throne Lichtenhains Tus IX., ein stattlicher, prachtliebender Herr. „Eines schönen Nachmittags entbot er seinen Reichsherold G. zu sich und sprach zu ihm die geflügelten Worte: ‚Bester, Lieber und Biergetreuer! Schreibe unter Berücksichtigung der dir wohlbekannten Umstände auf nächsten Sonnabend nachmittags 3 Uhr einen großen Hof- und Reichstag nach Lichtenhain aus und lade dazu alle unsere lieben Vasallen und getreuen Untertanen feierlich ein.“

Der Reichsherold schlug darauf am schwarzen Brett der Universität folgende Proklamation an:

„Wir Tus IX., aus eignen Mitteln und Verdienst regierender Herzog von Lichtenhain, Fürst zu Ziegenhain, Erbherr auf Kunitz, gefürsteter Graf von Ober- und Unter-Wöllnitz, Kötschau und

Ammerbach, Erb- und Bierherr auf Köstritz und Oberweimar, sowie Alleinherrscher aller Länder, die Wir besitzen und nicht besitzen, die Wir kennen und nicht kennen, allezeit Mehrer des Reichs sowie Minderer des Biers und darum Großmeister aller Bierorden auf Sonne, Mond und Sternen, insbesondere des großen goldenen Kannenordens, der herzoglichen Societät der höheren Cerevisiologie, Protektor usw. usw., haben erfahren, daß in unseren Landen viele Klagen über großen Durst laut geworden sind, was mit Wohlgefallen zu vernehmen wir allergnädigst geruhten. Maßen wir aber stets, immer und allezeit mit landesväterlicher Fürsorge darauf bedacht sind, die vorhandenen Kräfte unserer vielgetreuen Untertanen nicht nur zu benutzen, sondern auch fernerweit auszubilden, Notleidende zu unterstützen und Durstigen zu Hilfe zu kommen, maßen ferner wir auch in unserer durchlauchtigsten Kehle selbst einige Trockenheit verspüren, haben wir mit unseren weisen Räten unter Beirat und mit Zustimmung unserer getreuen Landesstände beschlossen und verordnet, beschließen und verordnen wie folgt:

Es haben sich sämtliche unsrer getreuen Untertanen mit allen unseren Hofrittern und Mannen in unsrer hohen Veste und Residenz zu Lichtenhain am Tag der Publikation dieses Manifestes nachmittags 3 Uhr zu einem Hof- und Reichstag zu versammeln, um auf demselben nach Kräften zum Wohl des Landes beizutragen, auch einem rittermäßigen Turnier und Lanzenstechen beizuwohnen.

Gegeben auf unserer Hofburg und Residenz zu Lichtenhain, am 17. des Wonnemonds 1818.

Eigenhändig und mit unserem Handsiegel:

Tus IX.

Gegengezeichnet G. . . , Reichsherold."

Am Nachmittag thronte „im niedrigen Zimmer der unansehnlichen Schenke auf einem alten Großvaterstuhl der ziemlich korpulente regierende Herzog in altdeutscher Tracht mit großem Bart, die breite Brust mit funkelnden Bierorden bedeckt, und um ihn an der halbzerbrochenen Tafel, in welcher unzählige Namen eingeschnitten waren, die Großen der Krone und Kleinen des Reichs bis herab zum Scharfrichter, Bluthund von Galgenbach". Der feierlichen Eröffnung folgte das Kampfspiel, worauf die Beförderung einiger Füchse zu Jungburschen sich anschloß. Der Beförderung ging zur Kurzweil der anwesenden Ritter ein launiges Examen voraus. Selbstverständlich erteilten die verblüfften Füchse auf die tiefsinnigen Fragen nicht die erwarteten Antworten, die daher der Examinator in der Regel selber geben mußte. Da hierbei in der Tat viel Witziges und Schlagendes zutage kam, sei an dieser Stelle ein Beispiel der bei dieser Gelegenheit verzapften Fragen und Antworten wiedergegeben:

„Wie würdest du es anfangen, mein Sohn, um auf dem Bauch und Kreuz zugleich liegen zu können?“ – Fuchs: „Das ist reinweg nicht möglich“. – „Doch, mein Sohn, wenn du, was freilich, wie ich hoffe, nie geschehen wird, wenn du dich auf dem Ballhause bekneipst, beim Nachhausegehen auf dem Kreuz stolperst und dort vorwärts zu Boden fällst, so hast du die Aufgabe richtig, wenn auch nicht zu meiner Zufriedenheit gelöst.“

Die Lösung ist natürlich nur in Jena möglich, wo es einen Platz namens „Am Kreuz“ gab.

Just bei obigem Anlaß geschah es, daß Goethe, auf einer Spazierfahrt nach Kötzschau begriffen, das Kreuz passierend, das riesenhafte Manifest am Schwarzen Brett erblickte. Flugs ließ er es von seinem Diener abnehmen und steckte es mit der Absicht lachend ein, es dem Großherzog zu zeigen. Tus IX. und seine Würdenträger waren über die Wegnahme ihres Anschlags höchst entrüstet. Der Reichsherold G., in der Annahme, der Frevel sei von der den Lichtenhainern feindlich gesinnten Partei, den „Altdeutschen“, verübt worden, heftete am anderen Morgen zornig einen Zettel an das Schwarze Brett. Auf jenem schimpfte er kurz und bündig denjenigen „einen dummen Jungen“, welcher das Manifest wegzunehmen sich unterfangen, ja erdreistet habe. Doch die übliche dreitägige Frist verfloß, ohne daß auf die Beleidigung eine Forderung erfolgte. G. glaubte schon, der unbekannte Attentäter werde den „dummen Jungen“ auf sich sitzen lassen. Da, am vierten Tage, erschien in seiner Bude plötzlich Goethes Sekretär und teilte ihm mit, daß der große Goethe es gewesen sei, der durch seinen Kammerdiener das Manifest habe abnehmen lassen. „Da du dich“, fügte er hinzu, „nun schwerlich mit dem Kammerdiener wirst pauken wollen, so soll ich dich von dem Geheimrat auf 24 Gänge jenaischer Schläge fordern.“ G. erwiderte, daß er das freilich nicht habe wissen können und unter diesen Umständen den „dummen Jungen“ lieber zurücknähme. Wolle sich der Dichter aber durchaus mit ihm pauken, so stehe er jede Stunde zu Diensten. Der Abgesandte Goethes entgegnete, so sehr dürste der

Geheimrat nicht nach seinem Blute, „sondern er hat mich beauftragt, wenn du den dummen Jungen revocierst – auf Deprekation besteht er nicht –, so soll ich auch seine Forderung zurücknehmen." G., später ehrwürdiger Pfarrer von Pf., war in seinen alten Tagen noch stolz darauf, dem Altmeister Goethe „einen aufgebrummt zu haben" und von ihm gefordert worden zu sein.

„Auch das hatten die Bierstaaten", wie der unbekannte Gewährsmann in einer Fußnote bemerkt, „mit den Weltstaaten gemein, daß in denselben Unzufriedenheit der Staatsbürger sich entwickelte und infolge davon größere und kleinere Revolten entstanden, die, wenn sie nicht energisch unterdrückt wurden, mit dem Sturz des Souveräns endeten, während dagegen ein kraftvolles Auftreten desselben die Katastrophe abwendete. So sah man es im Jahre 1828 in Wöllnitz. Der Reichskanzler K. hatte die getreuen Vasallen und Untertanen Popp X. aufgewiegelt und hätte sie fast zu ungetreuen gemacht. Da trat aber der gefürstete Graf Popp X. würdevoll auf und rief, mit dem Schwerte auf die Tafel schlagend, mit seiner Löwenstimme: ‚Ich bin Euer Soffgraf!' Das schlug durch, und die Revolte war unterdrückt."

Die Jenenser Studenten und Zar Alexander I. von Rußland

Chronisten hielten die ersten Jahre nach den Befreiungskriegen 1813–1814 fest. Es war die Zeit jener Kongresse, auf denen Europas Fürsten persönlich die brennenden Streitfragen der Politik zu schlichten bemüht waren. Da herrschte auch an den deutschen Höfen infolge der zahlreichen Besuche gekrönter Häupter reges Leben. Der Ruf des weimarischen Hofes zog in diesen bewegten Jahren viele hohe Gäste an. Einst befand sich unter ihnen auch der russische Zar Alexander I. Eines Tages kam das Oberhaupt Rußlands, an der Tafel bei lockerer Unterhaltung, auch auf Jena zu sprechen. Er wünsche sich lebhaft vom Großherzog Karl August, die Jenenser Studenten einmal in Gesamtheit zu sehen. Nach seiner Meinung sei dies leicht zu bewerkstelligen, wenn der Großherzog ihnen befehle, zu der Zeit, wo sie beide durch Jena kommen, Spalier zu bilden.

Bei diesen Worten lächelte Karl August still vor sich hin, schüttelte den Kopf und sprach: „Wollen sehen, was sich tun läßt!“

Eine knappe Stunde nach diesem Wortwechsel sprengte ein Kurier mit eigenhändiger Kabinettsorder des Großherzogs von Sachsen-Weimar-Eisenach an den Prorektor der Universität nach Jena. Schon am darauffolgenden Tag fuhren Karl August und sein Gast in einer offenen Jagdkutsche in Richtung der Universitätsstadt. Das Gefährt war noch eine gute Strecke von der Stadt entfernt, als die edlen Herren schon zu beiden Seiten des Weges dicht gedrängt die Reihen der Musensöhne erblickten. Karl August lächelte und wandte sich mit den Worten an den Zaren: „Sire, sie wollen Sie alle sehen, alle ohne Ausnahme. Es wird nicht einer fehlen.“ Der Großherzog sollte recht bekommen. Da standen sie alle in bunter Menge, mit farbigen Mützen und Bändern, die lange Pfeife im Munde, stolz und jubelnd begrüßten sie die hohen Herrschaften beim Vorbeifahren. Neugierig musterte sie der Zar. Ans Stadttor gelangt, erklärte er bedeutungsvoll: „Man spricht so viel von dem unruhigen Geiste der deutschen akademischen Jugend. Allein einen größeren Gehorsam, als diese Studenten zeigen, würde ich in Rußland nicht finden.“

In diesem Augenblick zog Karl August schmunzelnd ein Papier aus der Tasche und überreichte es Alexander I. „Wollen Sie diesen

Befehl lesen, Sire? Es ist derselbe, der gestern am Schwarzen Brett der Universität stand.“

Folgendes konnte der Zar nun lesen: „Da am nächsten Tage seine Königliche Hoheit der Großherzog mit Ihrem erhabenen Gaste in den Nachmittagsstunden Jena passieren wird, so wird hierdurch auf ausdrücklichen Befehl seiner Königlichen Hoheit des Großherzogs jedem Studierenden aufs strengste verboten, sich auf der Straße, welche die hohen Reisenden passieren werden, zu zeigen ...“

Das Herzogtum Sachsen-Weimar-Eisenach war 1815 Großherzogtum geworden.

Mannesmut

Jena befand sich nach der verhängnisvollen Schlacht vom 14. Oktober 1806 in einer heiklen Lage. Kaiser Napoleon hatte sich der Stadt und Universität besonders gnädig erwiesen, indem er eine namhafte Entschädigungssumme für die durch die Schlacht verursachten Schäden bewilligte. Karl August, Herzog von Sachsen-Weimar-Eisenach, mußte sich noch in jenem Jahr 1806 dem Rheinbund anschließen. In der Folge dieser Entwicklung sahen sich Stadt und Hochschule wohl oder übel gezwungen, den Geburtstag des Kaisers festlich zu begehen.

So auch 1811, dem Jahr, das den korsischen Eroberer auf dem Gipfel seiner Macht erblickte. Schon Wochen vor dem 15. August wurde, wie einem Bericht der „Gartenlaube“ aus dem Jahr 1863 zu entnehmen ist, eine Aufforderung an die Studierenden erlassen, sich an der beabsichtigten Feier zu beteiligen. „Da, am Abend des 5. August, schob die Hand eines Studenten ein Papierblatt durch das Gitter des Schwarzen Brettes, worauf wörtlich stand:

Antwort auf die Einladung zum
Napoleonfeste! Welcher unbesonnene Hundsfott konnte sich unterfangen, die braven teutsch gesinnten Jünglinge Jenas einzuladen zur Feyer eines Tages, wo man die Erde mit Trauerflor bedecken und blutige Thränen weinen sollte!

Ja! Wär's seine Todtenfeyer, gern würde jeder brave Bursche Jenas um seinen Galgen tanzen.“

Spottbi

f Napoleon.

Es darf wohl nicht daran gezweifelt werden, daß die kühne Erwiderung von dem größten Teil der Studierenden mit Genugtuung studiert wurde. Trotzdem fand sich aber doch ein schuftiger Kommilitone, der niedrig genug dachte, dem Kirchenrat Dr. Grabler von dem Anschlag Kenntnis zu geben. Die feige Denunziation war mit den Buchstaben Gn. unterzeichnet. Dr. Grabler gab die Anzeige unverzüglich an den damaligen Prorektor Geh. Hofrat Prof. Dr. Fuchs weiter, welcher durch die Pedelle Nitzschke und Täubner den gefährlichen Zettel auf der Stelle abnehmen ließ.

Die „Gartenlaube“ konnte mitteilen, daß 1863 sowohl die mutige Proklamation als auch der Brief des Denunzianten an Kirchenrat Grabler noch vorhanden waren. Beide Schriftstücke befanden sich im Besitz eines damals in Jena Philosophie studierenden Herrn F. W. Braunau, eines Großneffen des Geh. Hofrats Fuchs, in dessen Hände sie durch Erbschaft gelangt waren. „Derselbe“, fügt das genannte Blatt hinzu, „bewahrt auch noch das Protokoll, welches von dem Vorfalle aufgenommen worden ist.“ Es berichtet, daß alle vom 5. bis 16. August nach dem Urheber der Tat angestellten Nachforschungen erfolglos geblieben sind.

Die übermütige „Unsinnia“

Die Stadt Jena hat mancherlei studentischen Ulk gesehen. Es ist fast schon vergessen, daß es einmal eine studentische Verbindung „Unsinnia“ gegeben hat.

Dieser Umstand ändert jedoch nichts an den Tatsachen, die ein unbekannter Burschenschafter 1861 in der „Gartenlaube“ über die „Unsinnia“ erzählt. Nach seinen Angaben ging sie aus den Kreisen der Burschenschaften hervor, die damals infolge der Ermordung Kotzebues durch den Studenten Sand auf Grund der Karlsbader Beschlüsse aufgelöst worden waren und schwer unter der Verfolgung durch die Regierungen zu leiden hatten. Die „Unsinnia“ diente wohl dem Zweck, den Mitgliedern Gelegenheit zu bieten, mit Humor über ihre Bedrängnis hinwegzukommen. Doch fehlte es ihren Veranstaltungen natürlich nicht an einer politischen Färbung. „Ihre Sitzungen fanden“, wie uns der „alte Burschenschafter“ berichtet, „bald bedeutenden Zulauf innerhalb der Burschenschaft, und selbst die Presse nahm sich freudig ihrer an, ohne daß von der ‚Unsinnia‘ selbst etwas dem Druck übergeben worden wäre. Dagegen ist nicht zu leugnen, daß durch diese öffentliche Anerkennung die bisherige Gedrücktheit wich, und daß sie endlich sogar einem blühenden Übermut Platz machte, der den von politischer Ängstlichkeit, von Bundestags- und Preußenscheu aufgestellten Pferch übersprang und mit gleichen Beinen mitten in die grüne Weide akademischer Freiheit hineinhüpfte.“

Beschlossen wurde ein großer öffentlicher Umzug, bei dem die Wagen nicht durch Pferde, sondern durch Ochsen gezogen werden durften. Es sollte in Ziegenhain ein Papsttum begründet werden, und der „lange Schwarze“, ein Braunschweiger Landeskind, wurde unter dem Namen „Niger I.“ als Papst gewählt. Natürlich strömte fast die ganze Stadt zusammen, den tollen Umzug zu sehen. Voran kamen zwei Reiter in echtem Wichs, mit Kanonen, langen Pfeifen und in tadellos zerrissenen Schlafröcken. Hinter den Reitern stolzierte ein Ziegenhainer Bäuerlein mit seinem Ochsenpaar. Die Tiere waren festlich geschmückt, ihre Hörner vergoldet. Dann folgte in der ersten viersitzigen Chaise Niger I. allein im roten Talar.

Da just an dem bewußten Tage Wochenmarkt in Jena war, schloß sich ein Bauer nach dem andern mit seinem Ochsenwagen dem Zuge an.

Der Erzähler schließt: „Wir verraten für diesmal Nichts von Allem, was im Vatikan zu Ziegenhain vorging, auch nicht, wie Papst und Cardinäle am andern Morgen heimzogen; wir sehen nur, wie sie daheim für ihren gestrigen öffentlichen Frevel die Citation vor das Universitätsgericht empfangen, und finden sie, jeden mit seinem Papierlein in der Hand, kurz nachher auf der Stube des Schwarzen wieder beisammen. Etwas Untersuchung mußte doch sein! Die neue academische Freiheit kostete jedem Genossen der Ochsenfahrt 19 Groschen 8 Pfennig, dazu erhielt jeder einen entsprechenden Verweis ... Kein späterer öffentlicher Aufzug der Burschenschaft wurde wieder bestraft.“

Studenten schießen eine Nachricht

Eine Art telegraphischer Verständigung, den Formen nachgebildet, die man noch heutigen Tages bei Naturvölkern antreffen kann, wählten bei sommerlichem Wetter am 24. Juni 1818 die Jenaer Studenten. Es galt, den Bürgern der Universitätsstadt die glücklich erfolgte Entbindung der kaiserlichen Hoheit Maria Pawlowna, der Gemahlin Karl Friedrichs, des zukünftigen Großherzogs von Sachsen-Weimar-Eisenach, bekanntzugeben.

Vierzig Studenten stellten sich in gleichen Distanzen mit geladenen Gewehren an dem langen Weg von Weimar nach Jena auf. Derjenige von ihnen, welcher vor dem Schlosse zu Weimar auf dem Posten stand, hatte mit dem Hofrat Stark, der Ihrer Kaiserlichen Hoheit seinen Beistand leistete, die Abrede genommen, daß er ihm, so wie ein Sohn geboren sei, ein weißes Tuch zum Fenster heraus sehen lasse. So wie nun das von seiten des Herrn Hofrat Stark geschehen war, feuerte der Student sein Gewehr vor dem Tore auf der Jenaischen Chaussee ab. Selbiges taten nacheinander alle ihm folgenden. Dies bewirkte, daß schon in wenigen Minuten die Nachricht von der Geburt Karl Alexanders in Jena vernommen werden konnte. Damit wurde das freudige Ereignis hier bekannt und durch das Geläute aller Glocken gefeiert, bevor dieses in Weimar selbst geschehen war.

Vivat academia!

Wie in alter Zeit Universitätshörer eingefangen wurden, davon erzählt Gotthilf Heinrich von Schubert, der Naturphilosoph und Verfasser der „Geschichte der Seele", aus seiner eigenen Jenaer Studentenzeit ein köstliches Geschichtchen, das die Naturwüchsigkeit und Naivität der damaligen akademischen Zustände in geradezu wunderbarer Weise veranschaulicht. „Eines jener alten Professorenoriginale", so erzählt er, „pflegte, wenn zu Ostern oder im Herbst die Zeit kam, wo die neuen Ankömmlinge zum Teil aus weiter Ferne her zu der Universität zogen, diesen entgegenzureiten ... In jenen Gasthöfen, wo die Kutscher der Reisewagen auf ihrem Herwege zuletzt zu füttern pflegten, kehrte er ein. Er nahm, im strengsten Inkognito, an der Wirtstafel seinen Platz, ließ dann neben den neuen jungen Ankömmlingen sein Essen mit einer halben Flasche Wein sich auftragen und fand bald Gelegenheit zum Anknüpfen seiner belehrenden Gespräche.

„Ich bemerke", so etwa sprach er, „daß Sie, meine Herren, im Begriffe stehen, die Universität Jena als Studierende zu beziehen. Sie betreten da eine Bahn, welche für Ihr ganzes Leben von großer Wichtigkeit ist und auf welcher Ihnen eine kleine Zurechtweisung wohl sehr erwünscht sein könnte. Ich kenne die Universität und ihre Lehrer ... Sie bedürfen von jetzt an mehr als bisher des eigenen Denkens und des sicheren Urteils. Diese Gaben gewährt Ihnen die Logik. Wo könnten Sie diese aber besser hören als in Jena bei dem berühmten ..., dessen klarer gründlicher Vortrag aus weiter Ferne her die Zuhörer anzieht?" Er fügte dann noch mehrere empfehlende Worte über jenen „berühmten, ausgezeichneten Lehrer der Logik" bei, nannte und empfahl auch noch einige andere Lehrer, und bevor sie ihre Reisewagen bestiegen, saß er zu Pferde und eilte nach Jena voraus. Wenn es nun, wie dies öfter der Fall war, geschah, daß die neuen Ankömmlinge die Vorträge über Logik bei dem ihnen bezeichneten ... besuchten, da dachten sie wohl: Wie sehr gleicht doch dieser Herr Professor dem alten Herrn, den wir im Gasthof zu Kahla sprachen. Und sie hatten recht zu diesem Vergleich; denn er war es selber."

Die Ochsen als Störenfried

Karl von Hase

1874 traf Adolf Harnack in Rom den Jenaer Kirchenhistoriker Karl Hase. Ersterer war mit drei Freunden unterwegs. Die vier neugebackenen Leipziger Privatdozenten lud Hase zu einer Tagesfahrt im offenen Wagen nach Tivoli ein.

Harnack saß als Jüngster mit auf dem Bock und nahm dem Kutscher die Zügel ab, um die Pferde selbst zu führen. In der Campagna di Roma begegnete der Reisegesellschaft eine große Herde Ochsen, die ihnen den Weg streitig machte. Das langsame Fahren dauerte Harnack zu lange, und darum riskierte der „Verwegene" einen Durchbruch.

Da fühlte er auf seiner Schulter eine Hand. Es war der alte Hase, der sich besorgt erhoben hatte.

„Fahren Sie langsam, Herr Kollege. Es werden sich Ihnen in Ihrem Leben noch manche Ochsen in den Weg stellen."

Geschliffene Rache

Karl Hase war eine der populärsten Gestalten im alten Jena. Von 1830 bis 1890 wirkte er in dieser Stadt und las an der Universität noch wenige Jahre vor seinem Tode Kirchengeschichte.

Viele Studenten sahen zu dem freiheitlich gesinnten Professor, er war 1824/25 politischer Häftling auf dem Hohenasperg, voll Verehrung auf. Zu seinen Lebensmaximen gehörte Besonnenheit, stürmische Art war ihm zuwider.

Im Revolutionsjahr 1848 sprach er sich energisch gegen Demonstrationen und Straßenunruhen aus. Die Studenten quittierten ihm dieses Verhalten! Steine werfend zerstörten sie seine Fenster.

Hase erkannte einen der Hauptschreier und beschloß Rache zu nehmen.

Er lud den Studenten, der sich eine Heimreise nicht leisten konnte, zum Weihnachtsfest unter den Christbaum. An dem hingen für alle geladenen Kommilitonen kleine Geschenke mit einem bezeichnenden Vers.

Dem stürmischen Student hatte der Historiker einen abgeschliffenen Stein mit den Zeilen: „Die damals durch das Fenster pfiffen, die Steine waren ungeschliffen“ ins Päckchen gelegt.

Der ulkige Professor

Professor Hermann Schaeffer, dessen Gedenkstein auf dem Fürstengraben steht, war ein Original. Der Mathematiker und Physiker wirkte mehrere Jahrzehnte hindurch in Jena als eine der beliebtesten, allen Einheimischen vertrauten Gestalten.

Schlicht und einfach im Äußeren und Auftreten, bekannte er sich zu seiner Thüringer Heimat.

Der väterliche Freund seiner Schüler, der Studenten, die an ihm hingen, liebte den Scherz. Zum Beleg dafür möge folgende Probe aus „Landonkels Betrachtungen“, die in der Zeitung „Deutschland“ in Weimar erschien, herhalten:

„Der Professor Schaeffer aus Jena besuchte, wenn er in Weimar war, regelmäßig den Stammtisch im ‚Schwan'. Da zog er dann aus der Westentasche irgendein Vexier- oder Geduldsspiel und freute sich wie ein König, wenn niemand die Ringe oder Dreiecke auseinander brachte, oder er gab ein Rechenrätsel auf und wollte platzen vor Lachen, wenn sein Kollege Hergt hilflos den Kopf in die Hand stützte.

Schaeffer saß eines Abends mit den hochgelehrten Professoren der Universität zusammen. Im Begriff wegzugehen, sagte er: „Hört, Kollegen, habe ich doch heute ein Wort gelesen, für das ich keine Erkärung finde, es ist das Wort ‚Tesch'. Sagt mir doch, Ihr Sprachkundigen, woher das Wort kommt." Da meinte der Deutschsprachler: „Es könnte zusammenhängen mit dem althochdeutschen deccan = decken." „Nein", fiel Schaeffer ein, „es war mit T und groß geschrieben." „Dann wäre es möglicherweise arabischer Abstammung", warf der Orientale ein. Der Chinese aber erklärte: „Es ist ein mundartlicher Ausdruck in der kleinen Stadt Kinyang in der Provinz Schensi an der Mündung des Kingho in den Weiho und heißt soviel wie Kartoffelsalat." Schaeffer hatte unterdessen seinen Mantel angezogen. Er faßte die Türklinke und sagte: „Stimmt alles nicht, alles falsch. Es war ein Druckfehler in dem Satz: ‚Der Kellner stellte das Glas auf den Tisch', und verschwand eiligst unter dem Gelächter aller Nichtsprachkundigen."

Zu Schaeffers Wesen und Eigenart gehörte auch sein unverwüstlicher Humor, der ab und zu seine Vorlesungen und Vorträge oder die gesellschaftliche Unterhaltung würzte und belebte. Als Kuriosum sei berichtet, daß Schaeffer im Erdgeschoß seines Wohnhauses eine gut sichtbare Tafel mit der Inschrift „Zum Polizeikommissar" angebracht hatte, um unangenehme Besucher abzuschrecken. Betrat der Ankömmling die erste Treppenstufe, so schloß er einen elektrischen Stromkreis, der ein Läutewerk in seiner Wohnung in tönende Bewegung setzte. Schalkhaften Scherz leistete sich Schaeffer einmal mit einem ihm wohlbekannten Gastwirt, den er bat, ihm doch bei der Öffnung einer Flasche zur Hand zu gehen. Um dabei behilflich zu sein, überreichte er ihm seinen Korkzieher. Trotz aller Bemühungen wollte dem Wirt das ihm sonst so geläufige Werk nicht gelingen, worauf Schaeffer ohne Schwierigkeiten die Flasche öffnete. Sein Korkzieher war, wie der verdutzte Wirt dann erfuhr, links statt rechts gewunden.

Es dürfte wohl weniger bekannt sein, daß Schaeffer auch der heimatlichen Bienenzucht zugesprochen hat. Er gehörte einem

Professor
Hermann Schaeffer

Imkerverein an und legte sich sogar einen eigenen kleinen Bienenstand zu. Ihm, dem Mathematiker, kam es dabei hauptsächlich auf das Studium des kunstvollen regelmäßigen Baues der Waben an, auf die „Mathematik der Honigbiene". Freilich brachte ihm diese Neigung einmal einen kleinen Konflikt mit seinem Nachbarn ein, der aber gütlich beigelegt wurde.

Ein großer, bedeutsam Neues zutage fördernder Forscher war Schaeffer gewiß nicht. Zur Ausbreitung der Wissenschaft eignete sich der Professor wie selten ein Lehrer. Unermüdlich waltete er seines Lehramtes und scheute keinen Aufwand. Aus den Anfangsjahren seiner Laufbahn berichtete der Dozent folgende Episode mit besonderem Vergnügen. Es war eine Geschichte der „zwei Zuhörer, die oftmals nur einer waren“.

Der rührige Schaeffer hatte für seine vierstündige Vorlesung nur zwei Hörer gefunden, von denen der eine ein baumlanger Goliath, der andere ein kleiner David war. Beide kamen aber keineswegs regelmäßig. Oft war nur der Goliath, dann wieder nur der David anwesend. Wurde der junge Dozent nun von einem seiner älteren Kollegen gefragt, wie er mit dem Kollegbesuch seiner Studenten zufrieden sei, so antwortete dieser mit vergnügtem Schmunzeln, abhängig davon, wer seine Vorlesungen an dem betreffenden Tage gehört hatte: „Heute war die größere Hälfte meiner Hörer da“ oder wenigstens: „Na, die kleinere Hälfte war heute vollzählig erschienen.“

Der verdiente, nachsichtige alte Herr verstarb am 3. Februar 1900 im Alter von 76 Jahren. Die Universität veranstaltete am 5. Februar in der Kollegienkirche vor dem unter reichem Blumenschmuck aufgebahrten Sarge eine Gedächtnisfeier, an welcher sich auch die Bürgerschaft zahlreich beteiligte.

Ernst Abbe zeichnete in seiner Gedächtnisrede ein treffendes und ergreifendes Lebensbild des Entschlafenen.

Ein großer Trauerzug geleitete unter den Klängen des Chopinschen Trauermarsches den Sarg.

Wenige Worte treffen so ins Schwarze wie die Inschrift seines Gedenksteines: „Lehren war seine Lust, Volkswohlfahrt seine Wonne“.

Das attische Salz

Im 19. Jahrhundert erschien in der damals vielgelesenen Zeitschrift „Das neue Blatt“ ein „Deutscher Städtespiegel“, in welchem in kürzeren oder längeren, meist humoristisch oder satirisch gehaltenen Aufsätzen die Zustände, Besonderheiten und eventuell auch Schwächen der namhaftesten deutschen Städte charakterisiert wurden. Jena erfuhr darin auch Platz und Werbung, wie einem mit „Geb.“ unterzeichneten Artikel zu entnehmen ist. So unter die Lupe genommen, schneidet die Stadt im ganzen recht gut ab. Das harmonische Verhältnis zwischen den Vertretern und Studierenden der Akademie und der Bürgerschaft wird nachdrücklich betont. Vielleicht geschah dies mit etwas zu großem Nachdruck, wenn der Verfasser unter anderem sich wie folgt vernehmen läßt: „Im Falle diese Facta noch Jemand von dem Einflusse der Universität auf die ganze Stadt unüberzeugt gelassen haben sollten, erwähne ich noch, daß sämtliche Jenenserinnen vom zehnten Lebensjahre an getrost über Universitätsverhältnisse, studentischen Comment u. dergl. examiniert werden könnten und Nr. 1 cum laude erhalten würden; daß in den Ferien, sobald Professoren und Studenten verreist, Jena nicht Jena mehr ist, alle Aussicht auf ein solides Mittagessen im Wirtshaus schwindet, öffentliche Vergnügungen nicht existieren und eine stille Trauer über der weiblichen Einwohnerschaft zu lagern scheint, während allerdings in jener Zeit die meisten bürgerlichen Verlobungen zustande kommen sollen.“

Es läßt sich heute kaum feststellen, ob damals Jenas Gastwirte und Jungfrauen gegen diese Beschuldigungen Protest erhoben haben. Ebenso scheint es fast unmöglich, die Wahrhaftigkeit einiger weiterer Mitteilungen nachzuprüfen. Sie sollten dem Leser trotzdem nicht vorenthalten werden. Wenn sie nicht wirklich passiert sind, so verfügten ihre geistigen Schöpfer doch über eine blühende Phantasie.

„Daß die hiesigen Professoren“, erzählt „Geb.“, „ihre Zuhörerschaft zu schätzen wissen, beweisen die häufig vorkommenden Ablehnungen ehrenvoller Berufungen anderer Hochschulen. In solchem Ablehnungsfalle ist es Sitte, daß die gesamte Studentenschaft zu Ehren des betreffenden Universitätslehrers einen Fackelzug veranstaltet. Darin mag mitunter des Guten zu viel und zu schnell getan werden. So ereignete sich unlängst der spaßhafte

Vorfall, als man einem der gefeiertsten Lehrer eine derartige Ovation gebracht hatte, daß derselbe, nachdem der Gesang verstummt, die eintretende Deputation lachend mit den Worten empfing: ‚Ich bin Ihnen für den schönen Gesang sehr verbunden, meine Herren, aber – ich habe noch gar keinen Ruf erhalten.‘ “

Weiter erzählt er von einem Professor der Chemie D., „eine Persönlichkeit, die jeder Jenenser kennt. Ein stiller, gemütlicher Mann, gewiß nicht ohne Verdienste . . . und hat nur eine Leidenschaft, das Erfinden. Er ist geradezu berühmt ob seiner zahlreichen ‚praktischen Erfindungen‘, die alle bei ihrem Erscheinen entweder einem ‚tiefgefühlten Bedürfnisse‘ abhelfen oder ‚eine Quelle ungeahnten Wohlstandes‘ erschließen, leider aber bisher regelmäßig sich nach kurzer Zeit in kleine ‚Mißverständnisse‘ aufgelöst haben, ohne indessen der Unerschöpflichkeit ihres Erzeugers Abbruch zu tun. Seine letzte Erfindung, die vor einigen Monaten viel von sich reden machte, war ein Speiseöl, das angeblich mit Leichtigkeit in jeder Pechraffinerie aus dem Sudrückstande zu gewinnen sein sollte. Dieser Rückstand liefert eine Art Wagenschmiere. Ein Spaßvogel hatte sich nun den Witz gemacht, Professor D. im Vertrauen mitzuteilen, daß N., der Besitzer einer hiesigen Raffinerie, aus dieser Wagenschmiere ein klares Speiseöl fabriziere und dieses in seinem Haushalte bereits in Anwendung bringe, auch eine Flasche richtigen Speiseöls als angebliche ‚Probe‘ vorgezeigt. N., darüber befragt, ging auf den Scherz ein. Wenige Tage darauf war im hiesigen Tageblatte die Ankündigung eines Vortrages des Herrn Professor D. ‚über ein neues Speiseöl‘ zu lesen, dem anderen Tages ein kurzes Referat über den Vortrag folge, der keineswegs allgemeine Heiterkeit hervorgerufen haben soll.“

Die Studenten sangen ein Lied nach „bekannter Melodie“, das über den Anklang, welchen die Erfindungen des Professors D. unter den Studenten gefunden hatten, belehrt. Der Verfasser teilt davon die folgenden Strophen mit:

„Der Herr Professor D., der war sehr stark in der Chemie – Er schuf viel schöne Erfindungen für Menschen und für Vieh.

Und als er einst im Wirtshaus saß, da frug ein bezechter Student: „Ich hörte schon oft vom ‚attischen Salz‘. Was ist's, das man so benennt?“

Da lächelte D. freundlich und sprach sofort im Kathederton: „Das ‚attische Salz‘ ist ein Abraumsalz mit einem Zusatz von Ton.

Es ist von rotbrauner Farbe und wird bei Stallfütterung verwandt; Ich habe leider, verehrter Herr, keine Probe bei der Hand.

Es ist ein Salz, das ich übrigens nicht sehr empfehlen kann; Ich selbst – obwohl es ein Viehsalz ist – Ich wende es niemals an."

Die Socken des Professors Scheidler

Am 30. Januar 1837 schenkte in Jena, Löbdergraben Nr. 32, Frau Berta Koch ihrem Manne, dem ersten Aktuar am Stadtgericht, Amtsrat Dr. Karl Koch, einen Sohn, der in der Taufe den Namen Robert erhielt.

Die ledige Friedericke Sophie Bock aus Lobeda wurde vom 30. Januar bis Michaelis als Amme, dann als Dienstmädchen bis Ostern 1838 im Hause des Dr. Koch in Stellung genommen. Robert schrieb später über die Dame: „Da Mutter zu schwächlich war, selbst mich zu ernähren, so bekam ich eine Amme, ein gutes dummes Bauernmädchen, die mich aber sehr lieb gehabt haben muß, denn als ich einmal, auf ihrem Arm sitzend, ihr den Reisbrei verwässerte, ließ sie sich dadurch im Genießen nicht stören. ‚Es macht nichts, es ist ja von meinem Robertchen', bemerkte sie."

Außer der Amme Bock war als Dienstmädchen Mathilde Leidner aus dem bayrischen Memmelsdorf angestellt. Zwischen den beiden dienstbaren Geistern scheint nicht das beste Einvernehmen geherrscht zu haben. Als die Amme Bock eines Tages sah, daß die Leidner ein paar Strümpfe von ihr anhatte, setzte es einen heillosen Spuk. Die Bock stöberte in den Effekten der Leidner herum und fand dabei nicht nur ihre eigenen Strümpfe, sondern auch eine Socke, die sie ihrer Hausfrau zeigte, ohne zu wissen, wem sie gehören könnte. Frau Dr. Koch nahm sie mit den Worten an sich: „Ich will sie der Waschfrau zeigen, ob sie etwa dem Herrn Professor Scheidler gehört". Sie ließ durch die Frau des Stiefelwichsers Hartung ihre Waschfrau Ottilie Weyd kommen, die die Socke als dem Professor Scheidler gehörig erkannte. Sie hatte diese ihm selbst zweimal angestrickt und mit einem roten Fädchen am hinteren Teile im oberen Nähtchen gezeichnet.

Damit war nun das ungeheure Verbrechen einwandfrei nachgewiesen, denn Frau Koch vermißte in der letzten Zeit allerhand. Der Weyd gegenüber hatte sie dies schon mehrfach beklagt. Auch dem

Professor Scheidler, für den die Weyd und deren Mutter, die Leichenfrau Weyd, seit sieben Jahren regelmäßig gewaschen hatten, waren in der letzten Zeit ein Kissenbezug und ein Hemd verschwunden. Es konnte gar keine Frage sein, wer ihm eine Socke wegnahm, der würde auch . . . na ja! Und überhaupt: die Leidner war schlampig und schmutzig, verrichtete die Obliegenheiten nachlässig und widerwillig, lief ungekämmt und ungewaschen herum. In allen Ecken fand man ihre schmutzige Wäsche.

Nun war freilich Mathilde Leidner nicht gewillt, die üble Nachrede des Diebstahles auf sich sitzen zu lassen. Das Dienstmädchen wußte aber, daß sie mit einer Klage beim Stadtgericht, an welchem ihr Brotherr als erster Aktuar tätig war, einen schweren Stand haben dürfte.

Immerhin verlangte die Verdächtigte die Öffnung und Untersuchung ihrer Lade durch Vertreter des Stadtgerichtes in Gegenwart von Frau Koch. Außerdem verlangte sie, daß ihr Dr. Koch ein neues Zeugnis ausstelle, da er ihr allerhand hineingeschrieben habe, was nicht der Wahrheit entspreche. Das Mädchen gab zwar zu, nicht immer ganz so sauber gewesen zu sein, wie sie es selbst gewohnt war, aber, sie sei bei Kochs infolge der täglichen Überbeanspruchung nicht zu sich selbst gekommen: „So ist es z. B. vorgekommen, daß ich mich waschen und meine Haare in Ordnung bringen wollte, da kam die Frau Dr. Koch, gab mir Aufträge, die sie augenblicklich ausgerichtet haben wollte, so daß ich augenblicklich ungewaschen und ungekämmt davoneilen mußte".

Nun wurde zunächst der Hauptgeschädigte, der Professor mit nur einer Socke, vernommen. Socken seien ihm tatsächlich fortgekommen. Ob die bei den Akten befindliche ihm gehöre, könne er nicht sagen, glaube es aber nicht. Der Gelehrte vermißte in der letzten Zeit ein Paar juchtene Stiefel, ein Hemd und einige Taschentücher und bekundete trotzdem: „Ich kann nicht anders, als der Leidner das beste Zeugnis in Beziehung der Aufwartung für meine Person zu geben."

Offensichtlich hat die Jenaer Justiz auf die Aussage eines Philosophieprofessors und Mitbegründers der Jenaer Burschenschaft, der nicht einmal eine ihm gehörige Socke als sein Eigentum erkennen konnte, nicht so viel Wert gelegt wie auf die der Hausfrau, ihrer Amme und ihrer Wäscherin. Ehe aber das Stadtgericht zu

Karl Hermann Scheidler

einem Urteil kam, verließ die Leidner Anfang April 1838 heimlich ihre Stelle. Nun entschied das Gericht: „Die Leidner ist wegen Entlaufens aus dem Dienste und Entwendung einer Strumpfsocke mit vier Tagen Arrest bei Wasser und Brot zu strafen und in die Kosten zu nehmen, sodann von hier wegzuweisen."

Die Leidner, wen sollte es wundern, gab sich mit diesem für sie so ungünstigen Urteil nicht zufrieden. Es sei überhaupt nicht erwiesen, daß das Streitobjekt, die Socke, entwendet worden sei.

Wegen Dienstentlaufens habe sie nicht gleich zu Gefängnis verdonnert werden dürfen, sondern zunächst die Aufforderung an sie ergehen müssen, zu ihrer Herrschaft zurückzukehren.

Bei der Strafbemessung seien die ursprünglichen Haupt- mit den späteren Nebenpunkten ungebührlich vermengt worden. Mit diesen Einwänden wandte sich die Bedienstete an die Landesdirektion. Diese hatte sich nun ihrerseits mit der Socke des Herrn Professors zu befassen.

Am 7. Juli 1838 entschied die Großherzogliche Landesdirektion in Weimar die Verurteilung wegen der Socke, und die durch die damit verbundene Untersuchung entstandenen Kosten werden aus Mangel an Beweisen erlassen. Doch blieb es bei der Bestrafung wegen Dienstentlaufens und den dadurch entstandenen Gebühren. Nun blieb der Leidner nichts anders übrig, als auf dem Gnadenwege einen völligen Straferlaß zu erzielen. Diesen Weg schlug sie am 26. Juli mit einem langen Gesuch ein. Mathilde Leidner hatte sich über ihr Dienstverhältnis mit dem Rechtsanwalt Dr. Brenner aus Weimar besprochen und von ihm die Versicherung erhalten, sie brauche nicht bei Dr. Koch bleiben. Dies begründete er mit der Beleidigung des Dienstmädchens durch Frau Koch. Wenn dieser Rat falsch gewesen sei, treffe sie doch keine Schuld. Von dem Hauptvorwurf wäre nun nichts übriggeblieben. Das Dienstentlaufen bezeichnete die Leidner als eine Folgeerscheinung der Beleidigung ihrer Person, die sie nicht habe auf sich sitzen lassen wollen.

Wegen der vermeintlichen Entwendung sei zwischen ihr und dem Dr. Koch ein Vergleich zustande gekommen. Jetzt habe sie wieder bei ihrer früheren Herrschaft, dem Konditor Schütz, Stellung gefunden, der seinerseits das Gnadengesuch wie folgt unterstützte: erstens habe sich die Leidner ausgezeichnet gehalten, und zweitens könne er, wenn sie des Landes verwiesen werde, jetzt keinen Ersatz finden.

So erging, nachdem die Landesdirektion auch die Gefängnisstrafe erlassen hatte, schließlich das Urteil: „Wenn sich die Leidner ferner gut aufführt, soll sie auch ferner hier geduldet werden."

Die „Delinquentin" hatte insgesamt 36 Groschen Gerichtsgebühren zu zahlen, welche ihr trotz hartnäckiger Bitten nicht erlassen wurden.

Damit schlossen die Beamten eine achtzigseitige Akte, welche, einst wegen einer schmutzigen Socke angelegt, viel Aufsehen erregte.

Abscheuliche Speisen

1794 faßte Johann Gottlieb Fichte in der Universitätsstadt Jena Fuß. Einem Brief aus jener Zeit, welcher seiner Frau Johanna Rahn gewidmet ist, sind folgende Zeilen zu entnehmen: „Du wirst von mehreren Weibern begierig erwartet, die Dir mit offenem Herzen entgegenkommen werden. Alles freut sich auf Dich. Geschildert habe ich Dich, wie recht ist. Damit man im voraus wisse, was man zu erwarten habe, und was nicht . . . Ich muß Dich auch ein wenig über meine Ökonomie unterrichten. Von seiten der Wohnung bin ich sehr zufrieden, nicht so von seiten des Essens. Es ist abscheulich, wie man in Jena gespeist wird. Ich habe die erste Woche auf meinem Zimmer aus dem Speisehaus gegessen: höchst elend. Jetzt habe ich eine kleine Gesellschaft unbeweibter Professoren zusammengebracht, mit denen ich auf dem besten der hiesigen Gasthöfe (der beste ist noch sehr schlecht) esse. Wenn Du kommen wirst, habe ich so einen Plan, einen besseren Geschmack, auch im Essen, in Jena einzuführen."

Recht interessant ist auch Fichtes Urteil über eine Reihe Jenenser Kollegen und deren Frauen: „In vieler Rücksicht wünsche ich Deinen Umgang mit Frau Hofräthin Schütz. Sie ist unter allen Weibern zu Jena bei weitem die für die große Welt ausgebildetste. Die Hofräthin Schiller würde für Dich am besten zu einem vertrauten Umgange taugen. Zuvörderst werde ich mit ihrem Manne recht sehr Freund werden. Ein mir vorher gänzlich unbekannter Professor Batsch hat mit einer Innigkeit und Wahrheit und Wärme sich an mich anzuschließen gesucht, die mich für ihn einnimmt. Ich kenne seine Frau nicht. Die Hufelandin kenne ich gar nicht. Die Hufelandischen behandeln mich steif."

Der Sonderling

Erhard Weigel

Großes Ansehen erwarb sich der Mathematiker und Astronom Erhard Weigel durch den Bau seines eigenen Wohnhauses (1668–1670). Es gilt als eines der alten sieben Wunder Jenas.

Bei einem Straßendurchbruch im Jahre 1898 wurde es leider weggerissen. Die dort nach Weigel benannte Straße hält das Andenken an den klugen Mann wach.

Von außen erregte das Haus besonders dadurch Interesse, daß über den vier Geschossen, die es besaß, sich noch drei Dacherker hinter- und übereinander auftürmten, deren höchster wieder von einem Türmchen mit flachem, aufschlagbarem Dach überragt wurde.

Auch im Innern besaß das Haus mancherlei Eigentümlichkeiten. Die Treppe ging durch das ganze Haus vom Keller bis zum Dach um einen vierseitigen prismatischen Hohlraum, so daß vom Keller aus, wenn die Falltür im Dach geöffnet war, der Himmel zu sehen war.

Einen Fahrstuhl, mittels dessen der Benutzer vom Keller in die oberen Räume des Hauses gelangen konnte, betätigte Weigel gelegentlich. An dem Erstaunen seiner Gäste ergötzte sich der Wissenschaftler, wenn er diese in den Keller geführt und dann nach oben hatte vorausgehen heißen, während er selbst im Fahrstuhl schneller dorthin gelangte und den Gästen gelassen entgegenschlenderte.

Viel bewundert wurde auch der unter dem Namen der Weigelschen Kellermagd bekanntgewordene Apparat, welcher aus einer vom Keller bis hinauf zur Wohnstube gehenden Röhre Wein lieferte, wenn daselbst in eine andere zum Keller führende Röhre Wasser gegossen wurde.

Das Prinzip, welches dieser Einrichtung zugrunde lag, läßt sich aus untenstehender Skizze erkennen:

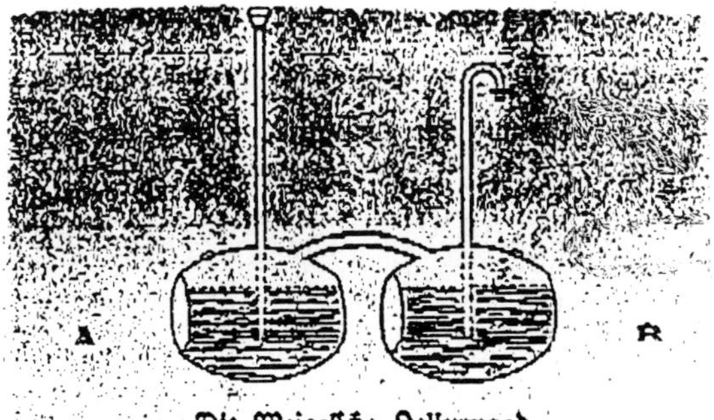

Die Weigelsche Kellermagd

A und B stellen die beiden Fässer vor, die in Weigels Keller nebeneinander lagen, das eine nicht ganz mit Wasser, das andere nicht ganz mit Wein gefüllt. Die Lufträume beider Fässer standen durch ein Rohr miteinander in Verbindung. In das Wasser des Fasses A tauchte die Röhre, welche mit Wasser gefüllt wurde, in den Wein des Fasses B die etwas kürzere Röhre, aus welcher dann durch den Druck der verdichteten Luft der Wein bei Öffnung eines Hahnes herauskam.

Erfindungen auszutüfteln, mußte eine Lieblingsbeschäftigung Erhard Weigels gewesen sein. Als praktisch haben sich dieselben allerdings meist nicht herausgestellt, viele sind wohl über das Stadium des Entwurfes nicht hinausgekommen. Außer einem „zum Wasserheben sehr bequemen“ perpetuum mobile, welches aber „wegen seiner Kostbarkeit nicht ins Werk gerichtet oder auf die Probe gestellt wurde“, sei ein Amboß erwähnt, bei dessen Gebrauch die Gebäude keine Erschütterung erleiden, und das mechanische Amphibium. Letzteres war ein Wagen für vier Personen, der auch als Kahn benutzt werden konnte. Auf kaiserliche Kosten wurde das Weigelsche Modell gebaut und auf der Donau ausprobiert.

Weit prominenter noch muß indessen jene Postkutsche gewesen sein, die Professor Erhard Weigel im Jahre 1673 erfand und konstruierte. Der Jenaer Gelehrte lobte die Kutsche in einer eigens angefertigten Schrift als einen „Ausbund alles Fahrzeugs“. In ergötzlicher Weise werden achtzehn Vorzüge des Wunderwerkes gegenüber gebräuchlichen Fahrzeugen in allen Einzelheiten geschildert, wobei vielfach an die gymnastische Geschicklichkeit der Passagiere appelliert wird. Sollte der Wagen zum „Umfallen“ kommen, so hat dies nichts zu bedeuten, „denn die zur anderen Seite können den Schlag geschwind aufmachen, zugleich alle miteinander herausspringen (welches in der gemeinen Kutzschen nicht möglich), die bei der fallenden Seiten aber können sich bald umbwenden, zugleich nach jener herausspringen oder in dem umbfallenden Wagen sich nur contra weltzen, so werden sie von dem Wagen frey“.

Mehr ist allerdings von so einem „Ausbund alles Fahrzeugs“, wie Erhard Weigel das Gefährt nannte, kaum zu verlangen.

Zu seinen Einfällen gehörte ein leichter, aus sehr feinem, aber dichtem Stoff bestehender Panzer für Soldaten.

Er sollte vortrefflich gegen Hieb, Stich, Kleingewehr sowie

gegen Witterungseinflüsse widerstandsfähig sein. Die Erfindung einer Schnellpresse, „mit der ein einziger so viel prästieren konnte als mit der Handpresse kaum zwei der kräftigsten“, negierte Weigel selbst, um dem Arbeiter nicht den Verdienst und das Brot zu nehmen.

Eine recht nutzlose Eingebung stellte die abgebildete Doppelleiter dar, die in Weigels Haus auf die Plattform des Daches führte.

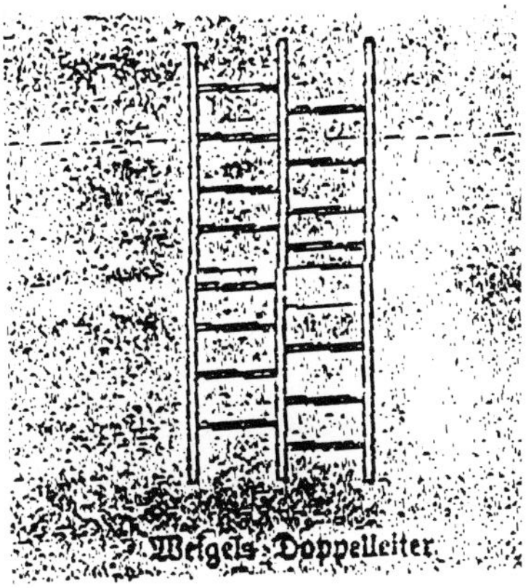

Wenn viele von Weigels Erfindungen heute dem Leser nur ein Lächeln abnötigen können, so mögen sie auf die weniger verwöhnten Zeitgenossen Weigels doch wohl einen besseren Eindruck gemacht haben. Zweifellos verfolgte er mit seinen physikalischen Spielereien oft didaktische Zwecke. Auf leichte, angenehme und anschauliche Weise sollten Kenntnisse über physikalische Zusammenhänge bezüglich des Schwerpunktes, des Luftdruckes usw. gewonnen werden. Außer Zweifel steht auch das ernste Bestreben, sowohl auf dem Gebiet der Wissenschaft als auch der Volkswohlfahrt Leistungen zu vollbringen.

Seinen Namen der Vergessenheit entreißt besonders der Umstand, daß der Sonderling Weigel mit einigen Produkten und Ideen der damaligen Zeit weit vorausschritt und auf einige der Besten seiner Zeit, Pufendorf und Leibniz, einen von diesen selbst dankbar anerkannten Einfluß ausgeübt hat.

Akademisches Leben in Altjena

Am 2. Februar 1558 tagte in Jena eine erlauchte und erleuchtete Versammlung. Sie galt der feierlichen Weihe der gestifteten Akademie in Jena. Während der Hauptfeierlichkeit, die in der Stadtkirche begangen wurde, ergriff auch der Herzog Johann Friedrich der Mittlere das Wort. Seine Rede hielt er in lateinischer Sprache. Wortreich und pathetisch verwies der Herrscher auf die Bedeutung der Stiftung für Jena. Wie von einer dunklen Ahnung getrieben, ermahnte er in derselben den Stadtrat und die Bürgerschaft, die Wohltat der neuen Akademie zu würdigen und friedlich mit ihr zu leben.

Hatte sich am Anfang die akademische Jugend diese landesfürstliche Mahnung zu Herzen genommen, so gingen aber mit wenig lobenswertem Beispiel die akademischen Lehrer den Studenten voran. Zur Zeit der Eröffnung waren die Professoren Striegel und Flacius Vertreter der Theologie, die aber in gewissen Punkten ihre Auffassungen nicht unter einen Hut zu bringen vermochten. Von Flacius ist überliefert, daß er einen starr orthodoxen Standpunkt vertrat. Die Hauptfrage, die bald nach der Stiftungsfeier ihre Gegnerschaft in hellen Flammen lodern ließ, war die, ob der Mensch zum Guten mitwirken könne oder nicht. Es ist ganz natürlich, daß der Streit alsbald nicht nur die Studenten, sondern auch den gemeinen Mann mit in seinen Strudel zog. Die jenaischen Buchdrucker hatten alsbald mit der Herstellung von Streitschriften alle Hände voll zu tun. Flacius vergaß in diesen alle gesellschaftlichen Formen, indem er in den gröblichsten Kraftausdrücken auf seinen Gegner einhieb. Um die Art seiner Streit- und Beweisführung zu kennzeichnen, verwandelten die Gegner des Professors seinen lateinischen Namen in die deutsche Form und nannten ihn bezeichnenderweise einen „Fläz“. Seit jener Zeit ist der deutsche Wortschatz um dieses wenig schmeichelhafte Wortgebilde bereichert worden, das sich bis heute erhalten hat. Ein ungesitteter Mensch wird auch gegenwärtig noch mit dieser Bezeichnung belegt.

Aber zurück zu dem Streit. Die heftige Auseinandersetzung über die oben genannte welterschütternde Frage tobte so lange, bis sich der Landesherr persönlich ins Mittel legte und eine Schrift verfassen ließ, die merkwürdigerweise die Ansichten des feineren Striegel bestritt. Johann Friedrich der Mittlere ging so gründlich vor, daß er den Geistlichen des Landes befahl, seine Schrift nach der Predigt stückweise zu verlesen. Der Superintendent Hügel aber verweigerte nicht nur dies, sondern nahm Striegel sogar in Schutz. Der Herzog, aufgebracht über solche Widerspenstigkeit, ließ daher die Widersetzigen durch ein starkes militärisches Aufgebot am 27. März 1559 nächtlicherweise festnehmen und sie als Gefangene auf die Leuchtenburg bringen. Am 7. September desselben Jahres wieder entlassen, kehrte Striegel nach Jena zurück, während Hügel als Superintendent nach Orlamünde ging. Flacius wurde seines Amtes entsetzt und ging zunächst nach Regensburg. Er starb, überall vertrieben und vom Unglück verfolgt, 1575 in Frankfurt am Main.

Glücklicherweise hat dies unwürdige Beispiel seitens der Hochschullehrer keine Nachahmung gefunden. Um so unerfreulicher soll aber bald das Verhalten der Studenten der Bürgerschaft gegenüber gewesen sein. Die Zeitgenossen hörten zwar bei Gelegenheit der Stiftungsfeierlichkeiten, daß Stadt und Bürgerschaft dieser Anstalt halber einander beglückwünschten.

Die neuen Professoren lebten auf sehr gutem Fuße mit den Ratskumpanen und die Studiosi mit den Bürgern. Es ließen sich sogar einige Bürger in die Matrikel eintragen. Die Akademiker wurden zu den bürgerlichen Festen geladen oder mischten sich ungebeten, doch willkommen, von selbst in dieselben. Um die Beliebtheit der Gründung zu fördern, räumte man ihnen gerne derlei Freiheiten ein, aber allem Anschein nach trieb die akademische Jugend alsbald mit solchem Entgegenkommen Mißbrauch. Ende 1558 bereits wurden gestrenge Satzungen bekanntgegeben, wie sich die Studierenden des lieben Friedens wegen zu verhalten hätten. In ihrem Eingang heißt es: „Wiewohl wir uns versehen wollen, daß diejenigen, so sich studierens halber in unsere uffgerichtete Schul gegen Jhena begeben, und dahin geschickt werden, allen Zucht, Ehrbarkeit und friedliechen Lebens und Wesens und schuldigen Gehorsams halten und erzeigen werden.“ Es sollte sich aber bald zeigen, daß die Studenten die Stadt nach Meinung der Obrigkeit als geeigneten Tummelplatz für Roheiten betrachteten. 1560 kam es zwischen Rat und Akademischem Senat zu heftigen Auseinandersetzungen. Jener hatte sich erdreistet, eine Anzahl Studenten, welche die Ruhe des friedliebenden Bürgers durch Lärmen gar arg störten, von Stadtknechten festnehmen zu lassen. Wie kam es dazu?

Universität im 17. Jahrhundert

Damals war es Brauch, daß die Bürger auf dem Rathaus ihre Hochzeitstänze abhielten. Bei jenen Gelegenheiten wirkten die Studenten als willkommene „Tanzbären" mit. Im September 1559 war es auf dem Rathaus zwischen Bürgern und Studenten zu schlimmen Händeln gekommen, wobei die Ratsknechte wiederholt einige angehende Akademiker verhafteten. Die Professoren ergriffen die Partei der letzteren und brachten die Sache an den Hof zur Entscheidung. Dieser räumte dem Rat zwar das Recht der Verhaf-

tung auf frischer Tat ein, betonte aber gleichzeitig die statutenmäßig garantierte Gerichtsbarkeit der Akademie aufs nachdrücklichste.

Veranlassung zu allerhand Neckereien und Streitigkeiten gab es immer. Bald waren die Brote zu klein, bald stieg der Wein um einen Pfennig im Preis. Als strittiger Hauptgegenstand galt die holde Weiblichkeit. Jedoch darf auch ein Umstand nicht verschwiegen werden, der geeignet war, den Unmut der Bürger hervorzurufen und die Abneigung gegen die Akademiker bis zur Empörung zu steigern. Namentlich ging es hierbei um das Durchbrennen mit Hinterlassung einer respektablen Schuldenlast. So klagte der Rat in einem bei Hofe am 13. August 1563 eingereichten Bericht gegen die Beschwerden der Professoren über die Unfreundlichkeit der Jenaer Bürger. „Daß freylich den armen Bürger von den Studenten mit nächtlichen Aus- und Einlaufen in den Häussern, das oftmals bis an den Tag währte, item mit Verbrennung der Wein-Reisser, und anders so sie fänden, große Beschwehrung, über andere grose Unlust, die sie in ihren Häussern von angezeigten Conducenten erdulten müssten, zugefügt würden: auch Mancher Student ohne das Mieth-Geld usw. abzutragen, davon zöge."

Gar zu bald stellte sich auch heraus, daß die studierende Jugend und die Handwerksmeister mit ihren Gesellen keinen guten Faden spannen. Das ist ganz erklärlich, denn der alteingesessene Bürgerstolz wollte sich seine verbürgten und verbrieften Rechte auf den breiten Stein von solch zugelaufenem jungen Volke mit mehr oder weniger wilden Sitten nicht schmälern lassen. Schon gar nicht von Menschen, deren Hauptvergnügen Anrempeleien waren. Aus jener Zeit dürfte auch das alte Lied herrühren, dessen Schlußverse die Abneigung der Bürger gegen die Studenten deutlich wiedergeben: „Doch mit die Academici kann ich mich nicht vertragen." So kam es gleich im Gründungsjahr der Universität zu schweren Zusammenstößen zwischen der starken Böttcherinnung in Verbindung mit den Brauknechten und Studenten. Die Böttcherinnung war um diese Zeit besonders stark wegen des hiesigen lebhaften Weinbaues. Auch an Weinschänken war kein Mangel, denn man zählte deren 30, die nur heimisches Rebenblut verschänkten. Durch Wichtigtuerei und Anmaßung wollten sich die jungen akademischen Bürger von dem behäbigen Bürger und seinem Anhang unterscheiden. Dabei muß bedacht werden, daß die meisten Studierenden von gemeinem Herkommen und angeblich schlechter Erziehung waren. Sie ließen sich nur durch Stipendien und zu erwartende Freiheiten zum Studieren ermuntern. Auch die damalige Religion ließ wohl die Moral abrutschen, da es für alles Ablaß und Absolution gab. Der Haß der Bürger erreichte so immer größere Ausmaße.

Den Gipfel aber erreichte die Verrohung der Sitten um die Zeit des Dreißigjährigen Krieges. Mit Schaudern ist in alten Chroniken zu lesen, daß Bürger, Knechte und Studenten einander erstachen. Einen besonderen Ausdruck fanden die verrohten akademischen Sitten jener verrufenen Zeit in dem sogenannten Pennalismus. Dabei handelte es sich um die Herrschaft, welche sich die älteren Studenten über die Neuangekommenen, die man mit der Bezeichnung „Pennale“ belegte, in der Art angemaßt hatten, daß dieselben ihnen als Aufwärter dienen mußten.

Ein Reisender aus Halle, Herr von Lön, der 1716 durch Jena kam, berichtet über das hier Geschaute wie folgt: „Die meiste Student tragen große lange schwarze Degen, in Form der Spiesen, welche ihnen im Gehen hinten nachschleifen; wenn sie einen ansehen, so scheinen sie gleichsam zu fragen, ob sie vom Leder ziehen sollen. Sie haben die Hand stets an diesem Eisen, und grüßen Niemand als ihre Bekannten. Schuhe, Strümpff und Kleider sind von übler Beschaffenheit, weil ihre Philosophie sich nicht um solche Kleinigkeiten kümmert. Alles dünstet bei ihnen nach Toback, Bier und Brandwein. Sie schwermen Tag und Nacht und halten ihre Bankette öffentlich auf dem Markt. Sobald sie getrunken, überfällt sie auch der Heldengeist: sie entblößen ihre Degen, und hauen und stechen sich einander herum, nicht anders als ob sie die wichtigsten Ursachen von der Welt hätten, sich einander die Hälse zu brechen . . .

Wer im Wissen Fortschritte und in den Sitten Rückschritte macht, macht mehr Rückschritte als Fortschritte.“

Insonderheit waren es die beiden Hochburgen studentischen Lebens, die „Rose“ und der „Burgkeller“, auf die sich der Haß der Angreifer konzentrierte und die öfter regelrecht gestürmt wurden. Das Bedürfnis nach Schlägereien gehörte eben zu einem flotten Burschenleben und vererbte sich von Semester zu Semester. Der Zündstoff zum Losschlagen lag förmlich in der Luft. Eine der Hauptursachen hierzu war auch das Behaupten des bereits erwähnten sogenannten Breiten Steins, der sich in vielen Städten in früheren Jahrhunderten als Fußsteig schnurgerade durch die Hauptgassen zog. In der Regel kamen die Schlägereien des Nachts zum Austrag, nachdem Gambrinus die Beteiligten dermaßen in seinen Bann gezogen, daß Freund und Feind vielfach nicht mehr unterschieden wurde. Wie hoch es bei solchen Zusammenstößen herging, geht daraus hervor, daß die Bürgerlichen als Siegestrophäen die von studentischer Seite auf dem Kampfplatz gelassenen Stockkrücken sammelten.

Am 10. Dezember 1687 fingen etliche Studenten mit den Nachtwächtern, einem beliebten Kampfobjekt, Händel an. Sie zogen aber dabei den kürzeren. Einige Tage später überfielen 20 Studenten mit Stangen und Ofengabeln die sechs beteiligten Wächter und richteten sie erbärmlich zu.

Auch das öfters ergangene Verbot des Schlafrocktragens erregte Empörung.

Als 1712 der Preis für ein Maß Bier eine Steigerung erfuhr, entstand ein Tumult, wobei im Rathaus die Fenster zu Bruch gingen.

Bei einem anderen Tumult am 13. und 14. Juli 1742 wurde des Visitators Geißler Haus gestürmt und ein Holzmacher bei seiner Arbeit auf der Straße erschossen.

Am 19. Juli 1756 entstand ein sogenannter Brottumult. Die Bäcker buken infolge der gestiegenen Kornpreise nicht genügend und zu kleine Brote. Daraufhin zogen die Musensöhne vor die Backhäuser, nahmen das Brot weg und warfen die Fenster ein. Hierzu wurde ein Singsang geschaffen, in dem der Philister, Bursch und Bäcker abwechselnd zu Worte kamen:

Es steht in der Bibel:
Geiz ist die Wurzel aller Übel!
Habt Ihr denn nicht daran gedacht,
Da Ihr die Brote habt zu klein gemacht?
Sic vivamus wir Studenten,
Vivat wer nach Steinen greift!
In die Fenster kanoniert;
Aber wer vor Schnurren läuft
Und doch Burschennamen führt,
Diesen soll der Henker holen!
Pereat, wer furchtsam läuft!
Vivat, wer nach Steinen greift!

In der letzten Strophe singt der Bursch:

Gute Nacht, fidele Brüder!
Legt Euch auf die Federn nieder,
Bis die Morgenröte lacht.
So lange werden Eure Taten
Sich durch den Ruin verraten,
Bis der Tischler neue Laden
und der Glaser Fenster macht.
Lieben Brüder, gute Nacht!

Philister

Über den Ursprung der von alters her in studentischen Kreisen viel gebräuchlichen Bezeichnung „Philister“ erzählte ein Gewährsmann folgendes: In unserer Thüringer Musenstadt Jena wurde im Jahre 1693 zum ersten Male der Ausdruck „Philister“ als Spottname für den Bürgersmann gebraucht. Bei einer Schlägerei im Gasthof zum „Gelben Engel“ zwischen Studenten und Bürgern wurde ein Student erschlagen. Am darauffolgenden Sonntag erörterte der Superintendent Götze die Tat von der Kanzel herunter und bemerkte dabei, daß es bei diesem Morde hergegangen, wie es in der Heiligen Schrift zu lesen sei: „Philister über dir, Simson!“. Am Abend zogen die Studenten durch Jenas Gassen, laut schreiend: „Philister über dir!“, und fortan haftete den Jenaer Bürgern die Bezeichnung „Philister“ an.

Scherzpostkarte

Der breite Stein

Das bekannte Studentenlied „O alte Burschenherrlichkeit ...“ erwähnt jene, „die vom breiten Stein nicht wankten und nicht wichen“. Der „breite Stein“ hat eine sehr verschiedene Erklärung gefunden, die sich oft in mythische Spekulationen verlor. Die Dichtung für den breiten Stein in dem Studentenliede muß auf die Zeit zurückgehen, als man noch ohne Rücksicht auf den späteren Verkehr enge Gassen mit sehr schmalem Fußgängerweg oder überhaupt ohne jeglichen Bürgersteig baute. Das Straßenpflaster war, da es aus kleinen rundlichen Steinen, den sogenannten „Pfeffernüssen“, bestand, nichts weniger als angenehm für den Fußgänger. Daher kam man auf die Idee, die Mitte der Straße mit einer Reihe platter fliesenartiger Steine von etwa 30 bis 40 Zentimeter Breite zu pflastern, die gewissermaßen die Rolle eines Bürgersteiges übernahmen. Da der Wagenverkehr in den Gassen nur gering war, wirkte auch der Fußpfad nicht störend. Diese Steinreihe innerhalb der kleinen Steine wurde vom Volksmunde „der breite Stein“ genannt. Heute sind diese „breiten Steine“ aus den Straßen meistens verschwunden. In den Universitätsstädten nun hatten die Studenten, wie bekannt, mancherlei Vorrechte. Dazu gehörte auch das Vorrecht, ohne Rücksicht auf entgegenkommende Fußgänger auf dem „breiten Steine“ einherzuschreiten und dem lieben Nächsten, wer es auch sei, das Ausbiegen zu überlassen. Ein Student, der eine gute Klinge schlug und keiner Mensur aus dem Wege ging, wich auch keinem andern vom breiten Stein aus. Oft suchten sie gar Händel, nahmen die ganze Breite des Steins ein, und so entstand eine „Rangelei“, die dann natürlich zu einer Forderung führte. Sie wurde in jenen Zeiten, in denen die Studenten noch ungehindert ihre Schläger führten, oft genug auf der Stelle ausgefochten.

Der Fechtmeister von Jena

Es gab Zeiten, in denen das Burschenleben noch das flotteste auf der ganzen Erde war. Auf den Universitäten wurden nicht bloß schwächliche Gelehrte, sondern kräftige und wilde Charaktere herangebildet. Da saß der Stoßdegen noch fest in der Hand und das Herz in der Brust an der Stelle, wohin es eigentlich gehört. Besonders in Jena! Hier wurden die Ehrensachen noch auf öffentlichem Markte ausgefochten, und Schläger und Stoßdegen blitzten im freien, frischen Sonnenschein. Die Jenenser Klingen waren weithin berühmt und gefürchtet. Jenas Burschen standen in Hieb und Stoß noch unübertroffen da, denn durch das Geschlecht der Kreußler, welches bereits ein Jahrhundert lang die Fechtmeisterstelle der Universität innehatte, wurden sie eingepaukt. Die Kreußlers verstanden sich darauf und standen einzig in ihrer Art da. Ihnen hatte noch niemand etwas anzuhaben vermocht.

Der berühmteste aus diesem Geschlechte war aber Johann Wilhelm Kreußler, der Fechtmeister und Hauptmann der Jenenser Bürgerwehr. Das war ein kaum mittelgroßer Mann von fast schmächtigem Wuchse. Wie hatte sein Auge gezuckt, wenn er zur Übung oder im Ernst auf der Mensur stand. Stoßdegen und Schläger schienen aus seiner Hand hervorgewachsen zu sein, so sicher und fest ruhten sie darin.

Niemand vermochte seine Stöße und Hiebe zu parieren. Der Ruf des Mannes war auf allen deutschen Universitäten verbreitet. Mancher Bursch zog nur deshalb nach Jena, um sich von ihm einpauken zu lassen.

Der Ruf dieser Fertigkeit ereilte selbst den Kurfürsten von Sachsen, August den Starken. Dessen Degen hatte noch niemand widerstanden! Mußte es da verwunderlich sein, daß er sich für den ausgezeichnetsten Fechter seiner Zeit hielt und große Lust verspürte, es zu einem Kräftemessen mit dem Fechtmeister von Jena kommen zu lassen?

Inkognito natürlich, denn das ist oft das Beste, wenn ein Kurfürst und König sich auf so gefährliche Pfade begibt.

An einem sonnigen heiteren Morgen zog der König allein und so gut verkleidet, daß ihn alle Welt für einen geborenen Philister gehalten hätte, durch Jenas Tor. Sofort begab er sich zum Fechtboden. O Jammer, der Fechtmeister war am Tage zuvor verreist und

Zeichnung Anton Sommers

erst in einigen Wochen zurück zu erwarten. Dem Gehilfen des Fechtmeisters teilte August der Starke nun seinen Wunsch mit, den berühmten Kreußler sehen zu wollen. Dieser zeigte dem Gast bereitwillig einige Kunststücke, welche er von seinem berühmten Lehrer abgeschaut hatte. Das genügte freilich dem König nicht. Den Meister selbst wollte er sehen und mit ihm eine Lanze brechen!

Ohne sich zu erkennen zu geben, verließ er den Fechtboden. Der sächsische Landesvater hatte noch nicht Lust, sein Inkognito fallen zu lassen, denn der Philisterrock saß ihm warm und bequem auf dem Leib. Und vielleicht … vielleicht würde sich noch ein Abenteuer an diesem Tag darbieten?

Mit der Gemütlichkeit eines Jenenser Bürgers wanderte er zur Rasenmühle. Dieser schöne, dicht vor Jenas Tor gelegene Ort wurde schon damals viel von den Burschen besucht. Auch die Philister schmuggelten sich gar zu gern dort ein. Ihr Verlangen nach dem guten Bier, welches dort geschenkt wurde, war noch größer als ihre Furcht vor den Ziegenhainer Stöcken der Studenten. Nur in eines der Gastzimmer traute sich keiner von ihnen. Dort standen die gefleckten Ziegenhainer in der Ecke und saßen die Burschen beim Bier. Diese verstanden es, einen friedlichen Bürger ohne allzuviel Komplimente zur Tür hinauszuwerfen.

Der Wirt zur Rasenmühle war deshalb auf das höchste überrascht, als er den König, den er natürlich für einen Philister hielt, in dies Zimmer eintreten sah.

Nur ein Fremder konnte diesen Raum betreten, denn ein Jenenser Bürger würde nie so tollkühn gewesen sein. Mußte da nicht ein rechtschaffener Gastwirt Mitleid empfinden, den Eindringling warnen, noch ehe einer der Burschen ins Zimmer trat?

Nicht ohne Verlegenheit näherte er sich dem Besucher und bat diesen, den Raum schnell zu verlassen, da er nur von Studenten besucht werde und die Herren mit den Bürgern und Fremden wenig Umstände machten.

Mit einem spöttischen Lächeln hatte der König ihn angehört. „Haltet Ihr“, fragte er, „nicht dies Wirtshaus für einen jeden, der bei Euch einkehren mag und das bezahlen kann, was er verzehrt?“

„Ganz recht!“ erwiderte der Wirt. „Sie scheinen indes fremd zu sein und die Studenten nicht zu kennen, und aus Rücksicht auf Ihr Wohl hielt ich mich verpflichtet …“

„Kümmert Euch nicht um mich“, unterbrach ihn der König. „Bringt mir eine Flasche guten Wein, ich werde mit den Herren schon fertig werden.“

Der Wirt gehorchte schweigend. Seinem ängstlichen Blicke sah man an, daß er sich in Gedanken mit dem traurigen Geschicke, das dem König bevorstand, beschäftigte.

Als der Gastwirt mit dem verlangten Wein wieder in das Zimmer trat und denselben vor den Gast hinstellte, sprach er mit erschrockener Stimme: „Sehen Sie, Herr, dort kommt der schlimmste Bursche von allen. Er ist ein ausgezeichneter Schläger und Renommist. Kein Fuchs bleibt vor seiner Klinge verschont, und eher würde ein Bürger auf das Himmelreich verzichten, ehe er mit ihm einen Streit suchte. Verlassen Sie das Zimmer, Herr, solange es noch Zeit ist. Sehen Sie seinen Ziegenhainer, es ist der dickste und schwerste in ganz Jena!“

Der König ließ sich durch des Wirts Schrecken und Besorgnis nicht aus seiner Ruhe bringen. Lächelnd erwiderte er: „Beruhigt Euch. Es wird so schlimm nicht werden. Ich suche keinen Skandal und fürchte auch keinen."

Der so Belehrte zog sich bange in eine Ecke des Zimmers zurück. In diesem Augenblick trat der gefürchtete Bursch, der größte Renommist Jenas, ein. Es war eine große, wild aussehende Gestalt mit langen Haaren, die durch ein hohes, mit mächtiger Feder verziertes Barett bedeckt wurden. In der Rechten trug der Student den unvermeidlichen und gewaltigen Ziegenhainer. Sein erster Blick fiel sogleich auf den frechen Philister, der es gewagt hatte, diesen Raum zu betreten. Er versuchte, ihn durch die Macht seines Blickes zu vernichten, aber dieser glitt an dem ruhigen, festen Auge ab, mit dem der König ihm entgegenschaute. Erzürnt trat nun der Renommist auf ihn zu und schlug mit dem gewichtigen Ziegenhainer die Weinflasche vom Tische, so daß die Scherben klirrend im Zimmer umherflogen.

Um den Mund des Königs zog sich ein spöttisches Lächeln. Mit ruhiger Stimme befahl er dem Wirt, ihm eine neue Flasche Wein zu bringen. Kaum stand diese wieder vor ihm, als der Bursch noch erbitterter aufsprang und auch sie mit dem schweren Stocke zerschlug, ehe noch der König sein Glas daraus gefüllt hatte. Diese Kühnheit überraschte den König und sah ihn für einen Augenblick unentschlossen. Sollte diese Verwegenheit hingenommen oder bestraft werden? Den in ihm aufkommenden Unwillen überwindend, ließ sich nun der Herrscher eine dritte Flasche bringen. Als aber auch diese sofort durch einen Schlag des Ziegenhainers zerschmettert wurde, sprang er erzürnt empor und rief: „Was soll das? Ich finde das sehr sonderbar, mein Herr!"

„Sonderbar?" wiederholte der Renommist. „Ha, Er hat mich touchiert! Er versteht Komment?" „Ein wenig", erwiderte der Pseudophilister, seine Erbitterung mit Gewalt niederkämpfend.

„Er muß mit mir losgehen", unterbrach ihn der Bursche. „Noch niemand hat mich touchiert, dem meine Klinge die Beleidigung nicht zehnfach heimgezahlt. Er muß sich mit mir schlagen, Er schäbiger Philister! Ich will Ihn lehren, was es heißt, einen Burschen, mich zu touchieren! Versteht Er auch was vom Fechten? He, versteht Er auch was davon?"

„Ein wenig", gab der König, nicht durch einen einzigen Blick seine Philisterrolle verratend, zur Antwort.

„Gut!“ rief der Bursch. „Dann will ich Ihm ein Alphabet ins Gesicht zeichnen, daß Er auch ohne Grammatik das Griechische erlernen kann! Morgen früh geht Er also mit mir los, ich will Ihm Zeit lassen, daß Er sich nach einem Sekundanten umsehen kann! Daß Er mir aber nicht davon läuft, sonst erkläre ich Ihn für ewige Zeiten infam!“

„Hier ist meine Hand, daß ich mich stellen will“, erwiderte der König und streckte dem Burschen seine Rechte entgegen. Arglos erfaßte dieser dieselbe, stieß aber in demselben Augenblick einen lauten, durchdringenden Schrei aus. Bestürzt eilten der Wirt und einige Burschen, welche in das Zimmer getreten waren, hinzu. Des Königs Stirn und Wangen hatten sich vor Zorn gerötet, und noch hielt er die Hand des Unglücklichen, welche in seiner eisernen Rechten zerdrückt worden war.

„Sieh“, rief er, endlich die zerdrückte Hand freigebend, „wenn du noch Lust hast, dich mit mir zu schlagen, so werde ich mich morgen früh stellen. Du wolltest mir das Alphabet ins Gesicht zeichnen – ich habe dir eine Warnung in die Hand geschrieben, daß du nie wieder den Schläger gegen einen Fuchs und den Ziegenhainer gegen einen Bürger erhebst. Ich denke, du wirst diese Warnung nimmer vergessen. Und damit du weißt, wer sie dir gegeben – man nennt mich August den Starken. Ich könnte dich noch härter strafen, aber diese Lehre mag dir genügen. Hier hast du etwas, wovon du leben kannst, denn mit deiner Rechten wirst du nicht viel mehr verdienen.“ Mit diesen Worten warf er eine mit Gold gefüllte Börse auf den Tisch und verließ rasch das Zimmer und die Rasenmühle.

Bestürzt blickten ihm alle nach. Diese Wendung hatte niemand erwartet. Am wenigsten der Renommist, der einer Ohnmacht nahe von seinen Kameraden zur Stadt geleitet wurde und keine Hoffnung hatte, daß seine Hand je wieder völlig hergestellt und brauchbar werde.

Der König hatte sich heimlich und inkognito wieder aus Jena entfernt, ehe noch dieser Vorfall allgemein bekannt wurde. Er erregte natürlich ein allgemeines Aufsehen. Die Burschen waren empört, daß ihr bester Schläger für immer verdorben war. Sie durften ihn nicht einmal rächen, denn bis zum König reichte weder ihr Schläger noch ihr Stoßdegen.

Sie befürchteten auch, daß er auf dem Throne den Komment vergessen werde.

Auch Kreußler hörte von diesem Vorfall und daß der König ihn aufgesucht habe. Sofort erkannte der Fechtmeister die Absicht desselben, denn er wußte, daß August der Starke ein sehr guter Fechter war und sich selbst für den besten hielt. Kreußler verspürte Lust, sich einmal mit dem König zu messen. Er kam ihm zwar an Kraft bei weitem nicht gleich, baute indes fest auf seine Geschicklichkeit und die Ruhe und Festigkeit seines Auges. Zudem ärgerte es ihn, daß er durch den König seinen besten Schüler verloren hatte und daß alle Jenenser Burschen durch den Sachsen touchiert waren, ohne daß sie Genugtuung verlangen konnten. Ein guter Fechtmeister hält es aber stets – das heißt solange sie ihn bezahlen – mit den Studenten!

Kreußler beschloß deshalb, die Beleidigung der Burschen zu rächen und den wohlverdienten Ruhm der Jenenser Klingen fest zu begründen. Sein Plan stand fest. Wie der König hüllte er sich in ein Inkognito. Als Dorfschulmeister verkleidet, machte sich der Mann, noch nicht nach Jena zurückgekehrt, nach Dresden auf den Weg.

Seine unscheinbare Gestalt, seine bereits ergrauenden Haare kamen ihm trefflich zustatten. Er hatte sich das richtige Gesicht eines dörflichen Schulmonarchen vorgeschnallt, und das Rohr in seiner Rechten ahmte ganz die fuchtelnde Bewegung nach, welche sich die Schulmeister der häufigen Praxis wegen nur allzu leicht angewöhnen. So ausgerüstet sah ihn bald Dresden.

Selbst St. Petrus würde ihn in dieser Verkleidung als ein Stück Dorfgeistlichkeit ex officio in den Himmel eingelassen haben. Seinem Plane gemäß trat er in das beste Gasthaus der Residenz ein und wurde von Wirt und Kellner mit herablassend gnädiger Miene empfangen.

Es kümmerte ihn nicht sonderlich, und der Ankömmling legte die Maske der demütigen Bescheidenheit nicht ab. Als der Abend hereinbrach, füllte sich das Gastzimmer mit Gästen, meist Offizieren. Mit scheinbar schüchterner Miene mischte sich der Fechtmeister unter sie. Das Dorfschulmeisterlein fiel sofort auf. Jeder wollte ihn zum besten und seinen Spaß mit ihm haben. Allein er blieb keine Antwort schuldig und ließ keinen Scherz unerwidert, ohne seine Rolle aufzugeben.

„Heda, Schulmeister!“ rief endlich einer der Offiziere. „Ich bin Hauptmann und erster Fechtmeister für die ganze Armee, versteht Er auch was vom Fechten?“

„Nein“, erwiderte der Pseudoschulmeister. „Aber mein Herr Pfarrer hat in Jena studiert und mir viel davon erzählt. Dort soll man sehr gut fechten; ich kann nicht leugnen, daß ich wohl einmal sehen möchte, wie es gemacht wird.“

„Allen Respekt vor seinem Herrn Pfarrer“, unterbrach ihn der Hauptmann, „aber vom Fechten versteht er nichts. Was! In Jena soll man es verstehen? Pah! Nichts versteht man dort! Ich lehre jeden Morgen im Pagenhause auf Hieb und Stich, und wenn Er sehen will, was Fechten heißt, so mag Er morgen früh dorthin kommen. Ja, es soll mir nicht darauf ankommen, es Ihn zu lehren, wenn Er Lust hat; wir wollen einen Gang miteinander machen.“

Kreußler merkte wohl aus des Hauptmanns verstecktem Lächeln und aus den Blicken, die er seinen Kameraden zuwarf, daß er ihn zum besten habe und ihn gehörig mitnehmen wolle.

Dennoch nahm der Jenenser das Anerbieten mit größtem Dank an und versprach, sich rechtzeitig einzustellen.

Johann Wilhelm Kreußler

Zeitig begab er sich am folgenden Morgen zum Pagenhause. Der Fechtsaal war mit Offizieren gefüllt. Sie alle wollten sich den zu erwartenden Spaß nicht entgehen lassen.

Welch Spektakel, welch Augenschmaus, sehen zu dürfen, wie der dumme Teufel, der Dorfschulmeister, von dem Hauptmann gehörig durchgebleut werde! Dieser hatte geschworen, ihn als blaues Wunder in seine Gemeinde zurückzusenden.

Kaum hatte er den Saal betreten, als der Hauptmann ihn erblickte und freundlich einlud, näher zu treten. „Komm Er, trete Er hierher“, sprach der Offizier, „damit Er erst einmal sieht, wie es gemacht wird, ehe Er selbst die Waffe in die Hand nimmt. Nun paß Er auf!“

Scheinbar auf das höchste überrascht, stand der Jenenser da, als der Hauptmann mit einem andern Offizier einen Gang mit dem Florett machte. Als Kreußler merkte, wie weit er jenem an Geschicklichkeit überlegen war und wie sich das Blatt so unerwartet wenden werde, vermochte der so weit Gereiste seine innere Freude nicht zu verbergen.

„Nun, Schulmeister“, rief der Hauptmann, „hat Er's nun gesehen, wie's gemacht wird? Es ist nicht schwer, Er kann dreist einen Gang mit mir wagen, damit ich Ihm die feineren Kunstgriffe und Stöße beibringen kann. Hat Er noch Lust dazu?“

„Gewiß, gewiß“, erwiderte Kreußler mit Eifer. „Ich werde es Ihnen ewig Dank wissen, wenn Sie mich in der edlen Kunst unterweisen wollen.“

„Gut, gut! Dann stell Er sich hierher. So, den rechten Fuß voraus. So faßt Er das Florett, so fällt Er aus, so muß Er parieren. Nun geb' Er acht, pariere meine Stöße, und geht es nicht, so merk' Er sich genau, wohin ich Ihn getroffen habe.“

Mit ungeschickter Hand hatte der Pseudoschulmeister das Florett erfaßt und sich dem Meister gegenübergestellt. Er hörte laut hinter sich lachen. Sah, daß sein Gegner nur mit äußerster Mühe sich eine ernste Miene bewahrte. Allein dies alles störte seine Fassung nicht. Da fiel der Hauptmann aus. Der erste Stoß war gegen seine Brust gerichtet und hätte ihn müssen fast zu Boden werfen. Mit geschickter Hand parierte er ihn. Der Fechtmeister stutzte und glaubte, der Zufall habe den Schulmeister in Schutz genommen. Der sächsische Offizier wiederholte denselben Stoß. Er wurde ebenso geschickt pariert. Jetzt vermochte der Hauptmann die Sache nicht mehr zu begreifen und wurde unruhig. Stoß auf Stoß führte der wackere Mann aus, all seine Kräfte und Geschicklichkeit zusammen nehmend. Mit größter Hitze drang er auf den unscheinbaren Schulmeister ein. Vergebens!

Kein Stoß glückte, keine Finte gelang. Ruhig, unerschütterlich blieb der Geheimnisvolle auf der Mensur stehen, ohne auch nur einen Zoll zurückzuweichen. Mit einem Male ruhte das Florett so fest und sicher in seiner Hand, jeder Stoß glitt daran ab. Keiner der Zuschauer lachte mehr. Diese Wendung hatten sie nicht erwartet und staunten. Hätte der Fremde nicht ein gar zu unscheinbares Aussehen gehabt, so würden sie ihn für den Teufel selbst gehalten haben.

Mit heimlicher Freude bemerkte Kreußler dieses Erstaunen. Bisher hatte der geschickte Fechter stets nur die Stöße seines Gegners pariert, jetzt fiel auch er aus, und Stoß auf Stoß traf die Brust des verwirrten, erschrockenen Hauptmanns. Der Angstschweiß trat auf seine Stirn. Der Offizier hielt noch stand und versuchte, wenn auch vergeblich, die Stöße des Schulmeisters zu parieren. Als dieser aber stets neue und noch feinere Finten anwandte, warf er ihm zuletzt verwirrt, wütend, beschämt das Florett vor die Füße und verließ den Fechtsaal. Die meisten der anwesenden Offiziere folgten ihm. Kein einziger von ihnen zeigte Lust, mit dem Fremden einen Gang zu wagen.

Kreußler hatte einstweilen sein gewünschtes Ergebnis erreicht. Am folgenden Morgen stellte er sich wieder auf dem Fechtsaal mit seiner bescheidenen schulmeisterlichen Miene, als ob am Tage zuvor nichts vorgefallen war, ein. Die Niederlage des Fechtmeisters hatte sich rasch unter allen Offizieren verbreitet, und sie waren in großer Anzahl gekommen.

Keiner wollte es sich entgehen lassen, den geheimnisvollen Mann zu sehen und für die Niederlage ihres Hauptmanns Genugtuung von ihm zu verlangen. Mit dem Degen wagte es keiner mit dem nun gefürchteten Gegner aufzunehmen. Dafür hatte sich aber ein junger Leutnant, der für den besten Schläger in der Armee galt, verschworen, ihm mit dem Schläger tüchtig zuzusetzen.

„He!“ wandte er sich an den Schulmeister, „versteht Ihr auch mit dem Schläger umzugehen?“

Der Gefragte zuckte mit den Achseln. „Ich habe es noch nicht versucht. Wenn es nicht schwieriger ist, als mit dem Degen …“.

„Gut“, unterbrach ihn der Leutnant. „Ihr braucht Euch nicht zu fürchten, wir wollen einen Gang miteinander machen. Hier ist der

Schläger. So müßt Ihr ihn fassen und so Euch auslegen. So, nun stellt Euch auf die Mensur und seht Euch vor.“ Der Pseudoschulmeister zeigte sich anfangs ebenso ungeschickt und unerfahren wie am Tage zuvor. Kaum hatte aber sein Gegner den ersten Schlag getan, den er mit Leichtigkeit parierte, als sein ganzes Wesen sich zu verwandeln schien. Der Schläger wirkte in seiner Hand so leicht wie eine Feder. Hatte sich Kreußler auch scheinbar nachlässig ausgelegt, so bot der Kämpfer seinem Gegner doch nicht die geringste Blöße dar. Er verfolgte ganz dasselbe Manöver wie am Tage zuvor und parierte alle Hiebe des Leutnants mit meisterhafter Geschicklichkeit und Sicherheit. Erst als dieser immer ungestümer und hitziger auf ihn eindrang, schritt auch der Jenenser Fechtmeister zum Angriff.

Schlag auf Schlag, Primen und Sekonden, Terzen und Quarten trafen nacheinander den erschrockenen Leutnant. Er war nicht imstande, sie zu parieren, wich von der Mensur zurück und ließ sich endlich in eine Ecke des Fechtsaals drängen.

Unverhohlener Beifall brach jetzt unter den anwesenden Offizieren aus. Der unscheinbare Dorfschullehrer hatte sie zu wirklicher und aufrichtiger Bewunderung gezwungen. Sie umringten ihn, und die besten Fechter unter ihnen verlangten, mit ihm eine Lanze zu brechen. Er war gern dazu bereit. Keiner vermochte ihm standzuhalten. Einer nach dem anderen wurde von ihm besiegt, und sein Arm schien nimmer zu ermüden.

Noch an demselben Tage gelangte die Kunde, daß ein fremder Dorfschullehrer die besten Fechter und Schläger der ganzen Armee besiegt hatte, an die Ohren des Königs. So erzürnt August der Starke anfangs hierüber auch war, so trug er dennoch Verlangen, den Fremden kennenzulernen und zu sehen. Ob der Fremde auch seinem Degen standhalten werde? Wiederum inkognito wollte er ihm entgegentreten, um ihn nicht durch seine Würde einzuschüchtern. Nur so könnte der König einen vollständigen Sieg erringen. Als August der Starke am folgenden Morgen, nur von einem Adjutanten begleitet, auf den Fechtsaal trat, war auch der Pseudoschulmeister bereits zugegen. Mit einem verächtlichen Lächeln blickte der König auf dessen unscheinbare Gestalt. Ha, wie war es möglich, daß dieser Mann seinem starken, unbesiegbaren Arme widerstehen konnte! Er mußte büßen für die Schmach, die er seinen Offizieren angetan!

„He, Schulmeister!“ wandte er sich an ihn, „meine Kameraden

haben mir erzählt, daß Er zu fechten versteht, meine Waffe ist zwar der Säbel, doch bin ich auch mit dem Degen nicht ganz ungeübt. Will Er auf Degen einen Gang mit mir machen? He!"

Durch Zufall hatte Kreußler den König am Tage zuvor gesehen. Sofort erkannte er ihn wieder, und sein Herz schlug höher und unruhiger.

Jetzt stand der Fechtmeister aus Jena dem Manne gegenüber, von dem so vieles zu hören war und um dessen Willen ihn die Pferde hierher getragen hatten!

Ihm wurde sofort klar, daß der König nicht erkannt sein wollte. Indem auch Kreußler an seiner Rolle festhielt, erwiderte er gefaßt und ruhig: „Weshalb nicht, Herr? Ich bin ja hierher gekommen, um zu lernen. Der Herr Fechtmeister wollte mir die Kunst beibringen."

„Schon gut, schon gut!" unterbrach ihn der König, dem der Spott dieser Worte nicht entging. „Ich hoffe, Er soll etwas lernen. Nehm' Er den Degen und leg' Er sich aus."

Ruhig gehorchte der Fremde. Kaum hatte er sich ausgelegt, als der König mit größter Kraft und Gewandtheit ausfiel. Leicht und geschickt wurde dieser Stoß pariert. Der König errötete unwillig. Stoß auf Stoß führte er auf seinen Gegner, aber keiner traf. Jede Finte wurde pariert. Ruhig, fest stand der Fechtmeister da. Sicher ruhte sein Blick auf dem Auge des Königs, der immer heftiger und erbitterter wurde und durch gewaltige Kraft der Stöße zu erreichen suchte, was ihm durch Geschicklichkeit nicht gelingen wollte. Noch hatte Kreußler kein einziger Stoß getroffen. Noch hatte er sich nur darauf beschränkt zu parieren. Da rief der König, den diese Schonung noch mehr als sein vergebliches Bemühen verbitterte: „Herr, fall' Er aus! Ich bin kein Knabe, den Er zu schonen braucht!"

Kaum hatte der Herrscher über das Sachsenland aber diese Worte gesprochen, so zuckte das Auge des unscheinbaren Gegners. Fest setzte er den Fuß voran, fiel aus, und des Königs Degen flog klirrend an die Wand. Die Umstehenden waren erschrocken. Der König richtete sich überrascht in die Höhe. Noch niemand hatte den Degen aus seiner starken Hand zu winden vermocht. Seine Lippen preßten sich fest aufeinander. Schweigend hob er den Degen wieder auf und stellte sich auf die Mensur. Sein ganzer Körper erzitterte vor innerer Aufregung. Seine Rechte hielt fast krampfhaft den Degen umfaßt. Da fiel der

Gegner wieder aus, und zum zweiten Male flog sein Degen klirrend an die Wand.

Erschrocken trat der König einen Schritt zurück. Seine Stirn glühte, die Augen blitzten.

„Er ist entweder der Teufel oder Kreußler aus Jena!" rief er.

Da zuckte es um das Auge des unscheinbaren Mannes. Er senkte die Spitze des Degens, der so fest in seiner Rechten ruhte, und erwiderte ruhig: „Der letztere bin ich, Majestät."

Einen Augenblick schaute ihn August der Starke noch finster an, dann erhellte sich sein Blick. Er trat auf ihn zu, reichte ihm die Hand und rief: „Von Euch besiegt zu sein ist keine Schande. Reicht mir die Hand!"

Der Fechtmeister zögerte. „Majestät", sprach er lächelnd, „es ist doch ein anderer Händedruck, als der auf der Rasenmühle?"

Der König lachte laut auf: „Ha, ha! Schlagt ein! Vor Eurer Rechten habe ich Respekt! Seid ohne Sorge!"

Da legte er seine Rechte fest in die Hand des Königs, der sie derb schüttelte.

Wenige Tage darauf kehrte Kreußler, vom Könige reich beschenkt, nach Jena zurück. Vergebens hatte ihn August für immer in Dresden zurückzuhalten versucht. Er hatte es abgeschlagen. Sein Herz hatte ihn nach der trauten Stadt an der Saale zurückgezogen.

Aus der „guten alten Zeit"

Der 1874 in Straßburg verstorbene Theologieprofessor Bruch besuchte als junger Gelehrter 1821 in Begleitung eines Kollegen die wichtigsten deutschen Universitäten.

In Jena war er mehr von den Professoren als von den Studenten erfreut. Über letztere schrieb er: „Höchst abstoßend wirkte in Jena auf uns die Roheit der Studenten und ihr ungeziemendes Betragen in den Hörsälen. Wenn man die Versammlung dieser jungen Leute betrachtete, die alle rauchten, von welchen viele Hunde bei sich hatten, die ohne Strümpfe und in Pantoffeln erschienen und deren ganze Kleidung in weiten Hosen und einem zuweilen zerfetzten Schlafrock bestand, so glaubte man eher in einer gemeinen Kneipe als in einem Kollegiensaal zu sein."

Billard

Leipzig und Jena

„Leipzig ist als Universität ebenso merkwürdig wie als Stadt. Ein so verschiedenartiger geselliger Ton bei den vornehmern und geringeren Bewohnern des Ortes wie bei dem sonderbaren Geschöpf, welches man daselbst Student nennt, dürfte im ganzen übrigen Römischen Reich nicht mehr getroffen werden. Auf jeder anderen Universität schließt sich der Student einem der beiden bekannten Stände an: in Leipzig findet durchaus keine Vermischung der Studierenden mit den Bewohnern statt. Auch würde es in der Tat nicht leicht sein, das charakterlose fade Völkchen der Studierenden den übrigen Ständen einzuverleiben. Was man auch von der Unsittlichkeit anderer Universitäten sagt, wie sehr man auch die Abgeschliffenheit der Leipziger Studierenden rühmen möge, ich lobe mir doch den jenaischen Studenten mit seinem rauhen Wesen tausendmal mehr als den höflichen Leipziger. Ich würde jenem lieber seine Verstöße gegen den geselligen Anstand verzeihen als diesem seinen Mangel an Biederkeit; ich würde lieber, wenn ich Vater wäre, meinen Sohn mit zerfetzten Gliedern von Jena zurückkommen sehen, als mit einem verdorbenen Herzen von Leipzig. Der Jenaische ist selbst als Haudegen nicht so sehr zu fürchten als der Leipziger. Übrigens weiß es Gott, wie Leipzig hat in den Ruf kommen können, als lerne daselbst der Student seine Sitten! Auf keiner anderen Universität ist er so sehr von allen Verbindungen mit Familien ausgeschlossen, welche seinem Stande angemessen sind: verachtet von jedermann, muß er sich entweder an die Niedrigsten anschließen oder an seinesgleichen . . .“
(Robert Schumanns Vater 1792)

Der Couleurhund

In Deutschland dürfte es nicht viele farbentragende Studentenverbindungen gegeben haben, die nicht im Besitz eines Hundes waren. Ein solcher Couleurhund war natürlich kein Schoßhündchen, sondern mußte sich im allgemeinen durch Stattlichkeit auszeichnen. Auch Pudel kamen hin und wieder in die nähere Auswahl, aber nur weil ihnen leicht alle möglichen Kunststücke beizubringen waren. Natürlich wurde der Hund akademisch erzogen. Der Vierbeiner pflegte die Farben sehr schnell kennenzulernen und ging nur mit denen, die sie trugen. Er befand sich stets in Begleitung seiner Herren. Auf dem Fechtboden störte ihn das Rasseln der Speere nicht in seinem Morgenschlummer. Vergnüglich tummelte er sich auf dem Frühbummel. Der Frühschoppen und alle anderen Gelegenheiten, bei denen seine Herren zusammentrafen, bereiteten dem Tierchen mehr Freud als Pein. Gelüstete es diese, sich die Alma mater einmal von innen anzusehen, so hielt er vor den Toren Wacht, bis das Kolleg zu Ende war. Mit den Hunden anderer Korporationen oder denen der „Philister" stand er im ganzen auf feindlichem Fuße und leistete sich wohl gar des öfteren eine „Mensur" mit ihnen.

Als die alte akademische Gerichtsbarkeit noch mit ihren Pedellen in Blüte stand, war der Couleurhund oft ein besonderer Gegenstand ihrer Verfolgung. Namentlich dann war der Hund bei ihnen verpönt, wenn dieser allzu große „Schneidigkeit" zeigte oder auf besonders schlimmen Ulk abgerichtet war. Mitte der siebziger Jahre des 19. Jahrhunderts hatte in Jena ein Couleurhund einen Studenten gebissen. Der Universitätsrichter ordnete deshalb an, daß alle Couleurhunde abgeschafft werden müßten. Eine Korporation wollte ein sehr altes Tier nicht mehr in andere Hände geben und entschloß sich deshalb, es auf „kommentmäßige" Weise, d. h. durch die Waffe, töten zu lassen. Der Hund, der „Feo" hieß, wurde mit großem Komitat durch die Stadt zum Bierdorf Lichtenhain geführt, wo ihn ein des Weidwerks kundiger Bierbursche erschoß. Dann ließen die Studenten das Tier ausstopfen, auf Räder stellen und überall mit herumfahren, bis die Pedelle auch diesem „holden Unfug" ein Ende machten.

Die Pflege des Hundes lag gewöhnlich den Füchsen ob, die besonders für ausreichende Atzung zu sorgen hatten. Sie nahmen ihn auch abwechselnd mit auf die Bude, wenn er es nicht vorzog, namentlich im Winter, die Nacht hinter dem warmen Ofen in der Kneipe zu verbringen oder, wie es im studentischen Jargon hieß, durchzusumpfen. Es braucht nicht gesagt zu werden, daß sich der Couleurhund durchweg einer guten und liebevollen Behandlung erfreute. Zumeist gewöhnte er sich aber, zwar oft ohne jede Anleitung, das Biertrinken an. Einmal hinter das Kneipen gekommen, brachte es der Hund darin zu einer lasterhaften Fertigkeit. Dieser „fortgesetzte Lebenswandel“ wurde ihm schließlich zum Verhängnis. Gicht und Rheumatismus packten ihn. Ein Bild des Jammers! Wenn seine Herren sahen, daß ihn das Leben quälte, ließen sie ihn von einem befreundeten „Viehmusen“ mittelst schnell wirkenden Giftes aus diesem Jammertal ins Jenseits befördern.

Ein Jenaer Freitisch in der „guten alten Zeit“

Johann Georg Kleber, praktischer Mediziner zu Langensalza, stiftete in seinem am 25. August 1723 errichteten Testament einen Freitisch für zwölf arme und fromme Studenten der Universität Jena und setzte zu dem Ende 8000 Taler seines Vermögens aus. Er selbst starb unverheiratet 1740. Ein Jahr darauf ist der Klebersche Freitisch zu Jena zustande gekommen. An seinem Freitisch, bestimmte er, sollen vier Theologen, vier Juristen und vier Mediziner ganz frei und ohne ihre geringsten Kosten gespeist werden. Das hochfürstliche Oberkonsistorium zu Gotha erhielt das Aufsichts- und Vergebungsrecht.

Die zwölf Studenten wurden des Tags zweimal auf der „Rose“ gespeist. Wie es in dem Universitäts-Almanach von 1743, genannt „Das blühende Jena“, heißt, erfolgte die Verköstigung, „weil vor jeden jährlich 36 Taler Geld gerechnet wird, so können sie mit tüchtig zugerichteten Speisen versorgt werden. Jedem wird bei der Mahlzeit eine jenaische Kanne Bier gereichet, und die Mahlzeit wird allemal mit einem Tischgebet und geistlichem Lied beschlossen. Wer zu solchem Freitisch gelangen will, muß sich deswegen in einem lateinischen Schreiben bei Hochfürstlichem Ober-Consistorio zu Gotha melden und sich demselben zum Examina sistieren, ob er solche Studia habe, welche dergleichen Beneficii würdig sind.

Befindet man nun das Subjectum tüchtig, so kann es diesen Freitisch drei Jahre lang ohne alle Kosten, sie mögen Namen haben, wie sie wollen, genießen. Verfiele hernach ein solcher Beneficiarius in ein liederliches Leben und würde dessen überführet, so soll selbigem dieses Beneficium entzogen und einem anderen erteilt werden. Die zur Erhaltung dieses Freitisches vom Stifter ausgesetzten 8000 Taler sind an Frantz-Gelde bei der Landschafts-Cassa zu Gotha eingelegt und werden jährlich mit 6 pro Cento verzinst; die Summe aber wird jährlich in 4 gewissen Terminen an denjenigen geliefert, welcher in Jena den Freitisch zu speisen und zu versorgen übernommen hat."

Im Testament war noch folgendes bestimmt:

Jedes Mitglied dieses Freitisches hatte sich der Gottesfurcht und der Ehrbarkeit zu befleißigen, dem Herrn Inspektor des Freitisches (damals Kirchenrat Hallbauer) gebührenden Gehorsam zu leisten. Wenn erforderlich, mußten sich die Protegierten bei demselben zum Examen einstellen. Zu Anfang jeder Mahlzeit hatten die Teilnehmer nach der Reihe herum stehend zu beten und zu Ende der Mahlzeit außer dem Gebet ein Lied zu singen.

Bei Tisch sich still und sittsam aufzuführen und in keine unnütze oder liederliche Diskurse einzulassen, war ein weiteres Gebot. Bei der Mahlzeit hatten sie die lateinische Gebetsformel zu gebrauchen und sich nicht über eine Stunde bei der Mahlzeit aufzuhalten. Es war untersagt, einen Gast mit an den Tisch zu führen sowie ihn etwas Speise hinwegnehmen zu lassen. Hunde mit an den Tisch zu bringen, war genauso verpönt wie etwas vom Tisch oder Hausgeräte verderben zu lassen. Hätten die Teilnehmer am Freitisch etwas an Speise und Trank auszusetzen gehabt, so sei der Tischwirt deswegen freundlich erinnert oder dem Herrn Inspektor Benachrichtigung zu geben. Sie sollten weder auf die Dörfer laufen noch ohne Erlaubnis des Herrn Inspektors einen Tag verreisen. Der Testator hatte selbst in Jena studiert und kannte die Sitten und Gebräuche bestens. Die Bestimmungen würden heute als drückend und teilweise demütigend empfunden werden. In der damaligen Zeit beurteilte man sie als wohlgemeint und den Umständen angemessen.

Eine Ehrenrettung der Jenaer Studentenschaft

Ein gebildeter Reisender, dessen Namen der Erinnerung entrissen ist, besuchte am 23. Februar des Jahres 1831 Jena. Mit einem wenig behaglichen Gefühl traf der Wandersmann in der Universitätsstadt ein, da ihm vorher manches Nachteilige von dem „rauhen Ton" der Jenaer Studenten erzählt worden war. Der Ankömmling sah sich jedoch in dieser Beziehung bald angenehm überrascht. Zunächst empfing ihn zwar im „Gasthof zum Greif", wo er abstieg, eine sehr lebhafte und laute Unterhaltung zwischen „sehr anständig gekleideten" Studenten, wie der Berichtende in einem seiner späteren Briefe ausdrücklich betonen zu müssen glaubt.

Die Stimmung unter den Studiosen ließ ihn einen Streit unter ihnen vermuten. Daher kam in ihm unwillkürlich der Wunsch auf, sich so bald als möglich aus ihrer Gesellschaft auf sein eigenes Zimmer zurückzuziehen. Allein er bemerkte doch bald, daß die jungen Leute sich nur eifrig über einen am Abend stattfindenden Ball in den Rosensälen und wie dieser sich am zweckmäßigsten gestalten lasse, unterhielten. Dies veranlaßte ihn, sein Mittagessen doch ruhig im Gastzimmer einzunehmen. Da der Neuling anscheinend auch einen durchaus günstigen Eindruck auf die Studenten machte, die wohl bald mit ihm ins Gespräch kamen, wurde er von diesen mit echt studentischem Freimut bereits während der Mahlzeit sehr artig und höflich zu Teilnahme an besagtem Ball eingeladen. Einem bisher Wildfremden gegenüber gewiß selbst zu damaliger Zeit mehr als nur eine Geste, die etwas besagen wollte!

Schon aus Neugier, wie eine solche Veranstaltung bei dem ihm geschilderten studentischen Ton im allgemeinen wohl verlaufen würde, nahm der Reisende die unerwartete Einladung dankbar an. Zur bestimmten Stunde begab er sich auf den Weg zum Festsaal. Im Hinblick auf gelegentliche Auslassungen in der damaligen Presse über die Zugangs- bzw. Sicherheitsverhältnisse in den Rosensälen ist die Schilderung von einigem Wert.

Hierüber heißt es nämlich in dem Brief, der Eingang zum Saal sei bei der engen „Winkeltreppe", die im Hintergrund des Gasthofes zum Tanzsaal führte, nicht geeignet gewesen, eine günstige Erwartung bei Fremden zu erregen! Doch war er beim Betreten des Saales selbst um so mehr erstaunt über dessen „äußerst geschmackvolle Verzierung", die lediglich das Werk der Studierenden als Veranstalter des Balles auf ihre alleinigen Kosten war. Eine „ungewöhnliche Beleuchtung und sehr zweckmäßig aufgehangene Kränze gaben dem Saal eine reizende Ansicht!" Dann heißt es weiter: „Ich war jedoch noch gespannt auf das Benehmen der Gesellschaft gegeneinander und besonders darauf, wie gesittete Frauenzimmer aus den angesehensten Familien einer Einladung von jungen Männern hätten folgen können, die man mir als so roh geschildert hatte."

Der Fremde konnte sich aber sehr bald überzeugen, daß hier „auf eine unverkennbare Weise mit der Unwahrheit berichtet" worden war. Schon bei seinem Eintritt in die Vorzimmer empfing ihn eine Anzahl sehr fein und anständig gekleideter junger Männer, die sich ihm gegenüber äußerst höflich benahmen. Noch mehr überraschte den Reisenden der Anblick der zahlreichen heiteren und tanzlustigen Damen, die von ihren Familien umgeben mit mehr als hundert der ebenso bescheidenen wie zuvorkommend auftretenden Kavaliere bei einer ausgesuchten Musik die „zierlichsten und anständigsten" Tänze aufführten. So sah der Gast dieser bis spät in die Nacht hinein dauernden Belustigung mit dem größten Vergnügen zu. Dabei hatte er dauernd Gelegenheit, allseits ein ebenso unbesorgtes wie anständiges Betragen zu beobachten. Selbiges nahm der stille Beobachter namentlich von seiten der arg verlästerten Musensöhne wahr, denen er nicht den geringsten Vorwurf hätte machen können. Ihr feiner Ton, der so gar nichts mit der angeblichen Rauheit zu tun hatte, sowie die allgemeine Heiterkeit der Gesellschaft gewährten dem Zuschauer vielmehr bald das behagliche Gefühl, sich in der denkbar besten Gesellschaft zu befinden! Dies Gefühl erlitt auch bis zum Schluß der gelungenen Veranstaltung keinerlei Störung. Angeblich waren zu dem Ball auch sämtliche Lehrer der Akademie, die Mitglieder des Oberappellationsgerichts und die Honoratioren aus der Stadt und der Nachbarschaft mit den Ihrigen eingeladen worden und größtenteils auch erschienen. Selbst ein weimarischer Minister war zugegen und ließ nach dem Eindruck des Reisenden „seinen zufriedenen Blick auf der anwesenden und sich so anständig vergnügenden Jugend wohlwollend ruhen". Auch die Heiterkeit einiger ebenfalls aus Weimar herübergekommener „erster" Damen, die den Ball durch ihre Gegenwart auszeichneten, war für den Fremden ein erfreuliches Zeichen dafür, daß hier gegenseitiges Vertrauen und Wohlwollen herrsche.

So verabschiedete dieser sich von der Universitätsstadt mit der befriedigenden Überzeugung, daß seine frühere Ansicht von einem hier herrschenden Mangel an guten Sitten auf einem Irrtum beruht habe.

Der Nachwelt hinterließ der Unbekannte noch die Feststellung, ihm seien zwar viele deutsche Universitäten bekannt, aber keine, an der in gesellschaftlicher Beziehung ein besserer Ton herrsche, als er ihn an diesem Abend in Jena wahrzunehmen Gelegenheit gehabt hätte.

„Wenn jemand eine Reise tut . . .“

„Wenn jemand eine Reise tut, so kann er was erzählen". Die Bestätigung dieses viel zitierten Satzes erfuhr im Jahre 1810 der Reisende J. D. Wiedemann. Deutsche Länder durchstreifend, nahm der Wandersmann Aufenthalt in Jena.

Seine Reiseerlebnisse finden sich wieder in dem 1811 in Erfurt erschienenen Buch „Meine Wanderungen aus Schwaben durch die Mayngegenden und Thüringen nach Sachsen im Frühjahre 1810 und Sommer 1811“.

Über seine Erlebnisse in der Universitätsstadt hielt er fest:

„Ich kam vormittags um 10 Uhr in Jena an. Die Stadt hat 816 Häuser und 7046 Einwohner. Die ehrwürdige Universität hat der Welt schon manchen braven Mann gezogen, und die meisten Gelehrten Deutschlands, Ungarns, Livlands, Kurlands, Dalmatiens und Griechenlands danken Jena ihre Kultur und die Summe ihres Wissens. Man kann behaupten, Jena wurde das für Europa, was einst im Mittelalter Bologna war. Das Gymnasium ist sehr zweckmäßig eingerichtet, und alle Vorkenntnisse zur Universität werden hier vollständig und zweckmäßig ertheilt. Mit wahrem Vergnügen bemerkte ich den seltenen Systemgeist, der hier eines mit dem anderen verbindet, wie eines zweckmäßig ins andere greift, eines dem anderen die Hand bietet.

Die würdigen Lehrer, deren sich Jena vorzüglich zu erfreuen hat, und welche aus diesem heiligen Zentralpunkte Bildung und Wissen in der kultivierten Welt verbreiten, theils als Lehrer auf dem Katheder, theils als Schriftsteller, besuchte ich sowohl in ihren Hörsälen

Scherzpostkarte

it hier mal ein „Studiosus" aus
sucht sich eine andre „Bude",
Pauk' und Trommel gehts voraus
Gänsemarsch" mit frohen Muthe
Schneid' der Schläger wird getragen –
garr'n-Kist' auch mit Papier Kragen!
nier – wer Dir gefällt, den wähle Dir!
ter Hand
Band.
Freunde, nehmt das Glas zur
Hand, – Füllet es nun bis zum
Rand, JENA, hoch du Teure!

als auch in ihren Privatzirkeln, machte auch mit mehreren an öffentlichen Orten Bekanntschaft. Unter die öffentlichen Vergnügungen gehören in Jena vorzüglich der Klub und die akademischen Konzerte in der ‚Rose'. Damenbekanntschaften halten in Jena etwas schwer, und die Stadt hat hierin etwas Muselmännisches. Doch fehlt es, wenn man einmal in einem Hause als Freund anerkannt ist, auch nicht an Geselligkeit des schönen Geschlechts, und ich hörte, daß sich jetzt die junge Welt mehr nähere als ehedem. Der Grund hiervon liegt in dem verfeinerten Ton der jungen Akademiker, unter denen der ehemalige Renommistengeist so ziemlich nachgelassen hat und einer männlichen, edleren Ausbildung Platz macht. Die Akademiker theilen das weibliche Geschlecht dieser Universität in drei Klassen ein. Die erste heißt Flor und begreift die Töchter und Frauen der Professoren und Beamten, die was auf sich halten und heilig und unverletzlich sind. Die zweite Klasse umfaßt die Bürgermädchen, Töchter der Hauswirthe, die auf Tanzböden erscheinen und eben nicht sonderlich spröde sind; diese Klasse hat den Namen Mücken.

Unter der Kategorie der dritten Klasse, Besen genannt, begreift man die Stubenmädchen und Aufwärterinnen, deren Dienstvorrichtungen sehr mannigfaltig sind. Was den geselligen Ton in Jena anbelangt, so ist er, sobald man nur mit derjenigen Lebensklugheit und Resignation den Ort betritt, die in jeder stark gemischten Gesellschaft nötig ist, sehr gut. Wer als ruhiger Reisender nach Jena kommt, keine auffallenden Eigenheiten und Lächerlichkeiten zeigt, der kann ruhig seiner Wege gehen. Bei den Lehrern und in ihren Zirkeln empfiehlt nichts so sehr als Feinheit, wissenschaftliches Verdienst und die ein wirkliches Talent regelmäßig immer begleitende Bescheidenheit und Anspruchslosigkeit.

Wer nur erst in einer oder der anderen guten Familie empfohlen ist, wird leicht in mehrere Familienzirkel aufgenommen und herzlich gern gesehen. Die Bürger und Hauswirthe, die größtentheils von den Studenten leben und leben müssen, sind äußerst zuvorkommend und höflich und wissen nicht, was sie den Leuten alles aus lauter Freundlichkeit erweisen sollen, die bei ihnen ein Quartier haben.

Was den Ton unter den Studenten anbelangt, so ist er bei weitem nicht das mehr, was man sich sonst wildes und abentheuerliches von ihm erzählte. Jener Schläger- und Renommistengeist hat fast gänzlich nachgelassen . . .

. . . Ich muß gestehen, Jena hat in Hinsicht der Bildung junger

Leute unendlich gewonnen, und ich habe die meisten Studenten äußerst bescheiden und artig gefunden. Daß sich hier und da die Jugendflamme erhebt, ist begreiflich, denn es sind Jünglinge, die hier zusammen sind, und nicht Männer oder Greise. Ich habe so manchen wackeren Burschen in Jena kennengelernt, der die schönsten Hoffnungen für die Welt zeigte, auf den dereinst sein Vaterland mit Recht stolz sein kann.

... auch ist die äußerste Wohlfeilheit der Nahrung besonders hervorzuheben. Freitische sind leicht zu erhalten, auch gegen halbe Zahlung findet der minder bemittelte, nicht ganz arme Studierende leicht seine Kost. Bier, besonders das sogenannte Doppelakademische, ist von vorzüglicher Güte. Die Reißkuchen, welche hier gebacken werden, sind sehr schmackhaft und nährend.

Ein glückliches Schicksal wollte es, daß ich in Jena Vulpius wieder antraf, der als herzoglicher Oberbibliothekar auch hier die Universitätsbibliothek und das Museum oder Naturalienkabinett des Herzogs von Weimar zu verwalten hat. Es ist daher die Einrichtung getroffen, daß er jedesmal vom Ersten bis Zehnten eines Monats, die Ferien ausgenommen, sich in Jena aufhalten und Bücher ausgeben und das Naturalienkabinett öffnen muß. Da nun eben der Monat gewechselt hatte, so fand ich schon am dritten Tage meines Aufenthaltes in Jena zu meinem nicht geringen Vergnügen auch den gefälligen Mann wieder, der mir alles zeigte, was er in seiner Verwaltung hatte. In Weimar hatten mich die Kunstsammlungen entzückt, hier hatte ich Gelegenheit, die der Natur zu bewundern. Wirklich sind die Mineraliensammlungen sehr beträchtlich, und auch hier hat Goethes Genius sich ausgesprochen, der diese Sammlung mit wahrer Vaterliebe hegt und pflegt. Was hier dem Studium der Mineralogie besonders günstig ist, sind zwei naturhistorische Gesellschaften, davon sich die eine ausschließlich der Mineralogie bestimmt, und welche gleich anderen Akademien auch auswärtige Mitglieder annehmen.

Ungern trennte ich mich von dem lieben Jena und zog weiter nach Ronneburg".

Damit endeten in dem Buch des Reisenden Wiedemann die Streifzüge durch Alt-Jena von Anno dazumal.

Jenaer Studentenehen

Das akademische Leben vergangener Zeiten hat so manche barocke Erscheinung dargeboten. Es zeigt aber auch, studentische Eheschließungen waren nichts Seltenes. Jedenfalls läßt die Fülle behördlicher und privater Äußerungen hierüber den Schluß zu, daß bei vielen Musensöhnen Zweck und „Ende" aller Studien die Ehe war. Auch die Jenaer Alma mater stellt einige beweiskräftige Tatsachen hierfür dem Chronisten zur Verfügung. Ursprünglich hat man in der Beweibung der jungen akademischen Bürger nichts Schädliches gesehen, betont doch eine Rede des Jenenser Professors Wolfgang Heyder aus dem Jahre 1590, „daß der Vorteil einer Universität für eine Stadt u. a. darin bestehe, daß Philistertöchter sich leicht mit Studiosen verehelichen können ... wie denn seit der Errichtung der hiesigen Akademie fast keine Provinz in Deutschland sei, wohin nicht Jenenserinnen entweder mitgenommen oder abgeholt und verheiratet werden".

Recht oft ergaben sich Mißlichkeiten aus studentischen Eheverlöbnissen. Erhellt wird dies aus einer hübschen Geschichte, die Jugler nach Schriftstücken des Hannoverschen Stadtarchivs in seinem Buch „Aus Hannovers Vorzeit" erzählt hat. Einem Jenaer Studenten, der sich in Hannover verlobt hat, ist nämlich die Braut von einem reichen Nebenbuhler abspenstig gemacht worden, und in geharnischter Rede wendet sich nun der Genasführte an seinen einstigen Schwiegervater in spe, um ihm den Standpunkt klarzumachen.

Derartige Ärgernisse und Ausschreitungen in Ehesachen waren schuld, daß die akademischen Behörden sich genötigt sahen, reglementierend in diese Privatangelegenheit ihrer Bürger einzugreifen. So wurde durch Oberkonsistorialerlaß vom 13. Juli 1773 festgesetzt, daß künftig keine jenaische Frauensperson, „weß Standes sie auch sei", bei Vermeidung harter Strafen sich mit einem Burschen in eheliche Versprechung einlassen solle, und den Studenten wurde es durch Reskript vom 19. Mai 1797 bei Verlust des akademischen Bürgerrechts verboten, eine Eheliebste zu nehmen. Auch von seiten der Professoren mehrten sich die Stimmen, die die Studenten warnten, vorzeitig in die Ehe zu treten.

So pflegte der Jenaer Rektor Pensoldus z. B. seine Hörer oftmals dergestalt zu ermahnen: „Liebe Gesellen, freyet zuerst um einen Dienst, ehe ihr um ein Weib freyen wollet. Da euch ietzo ein Hauß-Vater nicht gerne eine Vieh-Magd giebt, trägt er euch hernach gerne eine Tochter auf dem Rücken zu.“ Und Professor O. L. B. Wolff, der in seiner „Naturgeschichte des deutschen Studenten“ ein höchst ergötzliches Werk beschert hat, wird seine Augen in Jena nicht haben müßig gehen lassen, wenn er eine Studentenbraut mit einem Wechsel vergleicht, der erst am Jüngsten Tage zur Verfallzeit kommt und selbst dann noch protestiert werden kann.

Oft genug werden die Studenten selbst ob der unbedachten Eingehung einer Verlobung in Schwulitäten gekommen sein, so daß sie alle Hebel in Bewegung setzten, sich zu befreien. Laukhard, der bekannte studentische Schriftsteller um die Wende des 18. zum 19. Jahrhundert, weiß von einer unsauberen Jenenser Nymphe, der ein Student schriftlich die Ehe zugesagt hatte, zu berichten. Als seine Kameraden sahen, daß er von der gerissenen Dirne übertölpelt worden war und nun arge Gewissensbisse über seinen Leichtsinn empfand, berannten sie nach seinem Abzuge von der Stadt das Haus jener und nötigten sie, die Urkunde herauszugeben.

Wenn später verheiratete Studenten eine Seltenheit wurden, woran aber nicht gerichtliche Bedenken oder obrigkeitliche Erlasse die Schuld trugen, so legte doch während seiner akademischen Jahre mancher Bruder Studiosus den Grund zu einem Herzensbunde, der erst in reiferem Alter seinen befestigten Abschluß erhielt.

Das Kunitzer Blumenröschen

Johanna Rosina Schlegel (1844–1915) nannte der Volksmund das Blumenröschen aus Kunitz.

Das Jenaer Original war langjährige Lieferantin kunterbunter Sträußchen, vor allem für die Studenten. Zu deren Festlichkeiten kleidete sich die Frau in den Farben der jeweiligen Verbindung.

Obwohl nicht wenige Lausbuben der Stadt solche geschäftsschädigenden „Werbesprüche“ wie „Röschen, deine Blumen stinken“ verbreiteten, konnte sie sich in der Branche behaupten.

Dies lag sicher nicht daran, daß das Dorfkind in solchen Lebenslagen recht deftige Ohrfeigen zu verteilen suchte. Blumenröschen, die nicht zu den schönsten ihres Geschlechtes gehörte, war sehr tüchtig und nicht so leicht unterzukriegen. Ihre Blumen fanden trotz genannter Widrigkeiten Absatz. Dem Mädchen, welches auf dem Wege von Kunitz nach Jena alle möglichen Blumen sammelte, um sie zu verkaufen, widmete Franz Strelzik folgendes Gedicht:

Schaut doch mal das Röschen an.
Wie sie heut sich fein getan:
Eine Bluse, weiß, von Seide,
Zwar ein wenig durchgewetzt
Und für Formen andrer Weite;
Doch, da oben wird ersetzt,
Was dem Röckchen unten fehlt,
Kurz, wie sich's der Backfisch wählt.
Seidenstrümpfe, blutigfarben,
Jeder Ochse scheut davor,
Lackschuh mit des Alters Narben
Und der Lack im Trauerflor,
Rücken fiedelbogenkrumm,
Latscht sie überall herum,
Blumen bringt sie, wenig frische,
Meist so welk wie ihr Gesicht,
Und sie stellt sich stumm zu Tische,
Kaufst du nicht, so geht sie nicht.
Und das Blumenröschen hat
Stets Gefolgschaft durch die Stadt:
Buben, Mädchen, böse Rangen,
Necken sie und ziehn am Rock,
Und sie sind gar schwer zu fangen,
Fürchten auch nicht Schirm und Stock.
Röschen schimpft und läuft davon
Vor der kleinen Rotte Hohn.
Ja, ich glaub', sogar im Himmel,
Kömmt das Röschen mal hinzu,
Lassen kleine Engellümmel
Lärmend, neckend ihr nicht Ruh.
Und der Herrgott sieht's und lacht,
Grad wie's hier der Schutzmann macht.

Schwierige Identifizierung

In der Fastnacht des Jahres 1522 herrschte in Jena reges Treiben. Infolgedessen trieb sich eine Menge fremdes Volk auf den Straßen herum. Alle Herbergen und Gasthöfe waren besetzt. Daher fanden es zwei eben erst zugereiste junge Schweizer Studenten sehr schwer, ein Unterkommen für die Nacht zu erhalten. Einer von diesen Herren, Johannes Keßler aus Sankt Gallen, berichtet das Erlebnis in seinem Buch „Sabbatha" ausführlich. Darin läßt er die Leser wissen, daß die Kommilitonen bei einem „wüsten Gewitter" in Jena eintrafen, und sie hatten „nach vielen Umfragen in der Stadt um eine Herberge, keine erhaschen noch erfragen können."

„Allenthalben wurde uns", schildert er weiter, „Herberge abgeschlagen, denn es war Fastnacht, so man nicht viel Sorge um die Pilger und Fremdlinge trägt. Sind wir aus der Stadt wiedergekehrt, weiter zu gehen, ob wir ein Dorf erlangten, da man uns doch beherbergen wollte . . .

So begegnet uns unter dem Tor ein ehrbarer Mann und sprach uns freundlich zu, fragend, wo wir doch so spät hinwollten, denn wir möchten in keiner Nähe weder Haus noch Hof, da man uns behielte, vor finsterer Nacht erlangen."

Da klagten ihm die Studenten ihre Not. Worauf die Antwort in besagtem Buch zu lesen ist: „Sprach er, ob wir auch im Wirtshaus zum Schwarzen Bären gefragt hätten. Sprachen wir: Es ist uns nie begegnet. Lieber, saget, wo finden wir dies? Da zeiget er uns ein wenig vor die Stadt. Und wie wir den Schwarzen Bären sahen, siehe: Wie uns zuvor alle Wirte Herberge abgeschlagen, also kam hie der Wirt unter die Tür, hob uns auf und erbot sich selbst gutwillig, uns zu beherbergen."

Die beiden Schweizer befanden sich auf der Reise nach Wittenberg, wo sie studieren wollten, denn Wittenberg war durch Luther die berühmteste Universitätsstadt der Zeit geworden. Sein Name, seine Lehren und Taten waren in aller Munde. Wie mächtig und unerschrocken hatte der kühne Geistliche doch auf dem Reichstage zu Worms gesprochen! Seitdem war er freilich auf geheimnisvolle Weise verschwunden, und über sein Schicksal liefen die seltsamsten und widersprechendsten Gerüchte um. Nach einigen sollte er tot oder eingekerkert, nach anderen heimlich in Wittenberg sein. Unmöglich war das alles nicht, denn die Feindschaft des Kaisers bedrohte den Reformator mit dem Schicksale des unglücklichen Jan Hus.

Da entzog ihn, wie bekannt, Kurfürst Friedrich der Weise von Sachsen, zu dessen Territorium Wittenberg gehörte, allen Gefahren, indem er den unerschrockenen Mann auf der Rückreise von Worms nach Wittenberg heimlich aufheben und als angeblichen „Staatsgefangenen“ auf die wehrhafte Wartburg bringen ließ. Da war er nun geborgen vor den Folgen der über ihn verhängten kaiserlichen Reichsacht und den Umtrieben seiner Feinde. Der Verfolgte nutzte seine unfreiwillige Muße auf das beste aus, aber Ruhe fand der energische Mann doch nicht lange, denn aus Wittenberg gelangten Nachrichten in der Burg an, welche angetan waren, den Reformator zu beunruhigen.

Luther glaubte zu wissen, daß der fanatische Übereifer eines Teiles seiner Anhänger das ganze gewaltige Werk der Reformation über den Haufen zu werfen drohte. Stellte man nicht gerade jetzt unzeitgemäße Forderungen? Eine Sekte in Zwickau soll sogar die Autorität der Bibel und die Taufe verworfen haben, predigte Gütergemeinschaft und die Wiederkunft Christi. Aus Zwickau verjagt, flüchteten nun die meisten der vermeintlichen Fanatiker nach Wittenberg und peitschten dort die Gemüter auf. Man soll in die Kirchen eingedrungen sein, die Altäre, Statuen und Bilder zerstört oder entfernt haben. Gerücht oder Wahrheit? Muß es da nicht bedenklich um Luther und die Reformation gestanden haben, als die zwei Schweizer Studenten nach Jena kamen?

Um den Faden der Erzählung nicht abreißen zu lassen, die Studenten wollten erst gar nicht in die Stube treten, „denn unsere Schuhe waren – hie mit Verlaub zu schreiben – so voll Kot und Wust, daß wir so beschmutzt schamhalber nicht herfür in die Stube treten dürften und uns daher heimlich bei der Tür auf ein Bänkli niederduckten“.

In der Gaststube saß ein Mann allein an einem Tische, der ein Buch vor sich liegen hatte. Allem Anschein nach war es ein Reiter. Er trug Hosen und Wams. Den Kopf schmückte ein rotes Barett (oder „Schäpli“, wie Keßler es benennt), und an der Seite baumelte ein Schwert, dessen Knopf mit der rechten Hand fest umfaßt war.

Der Fremde grüßte die Ankömmlinge freundlich und lud sie ein, sich zu ihm an den Tisch zu setzen. Er bot ihnen zu trinken an. Sie schlugen dies nicht ab, bestellten aber vorsorglich ihrerseits ein Maß Wein, um Vergeltung üben zu können.

An ihrer Aussprache bemerkte der Gastgeber sogleich, daß die Studenten aus der Schweiz kamen. Auf seine Erkundigung nach dem Ort ihrer Herkunft bekannten die beiden, sie seien aus Sankt Gallen und gedächten nach Wittenberg zu reisen. Worauf er sich gemüßigt fühlte mitzuteilen, sie würden dort „gut Landlüt" finden, „nämlich Hieronymus Schürpfen und seinen Bruder Doktor Augustin".

Daraufhin fragten ihn die Schweizer, ob er nicht auch über den Verbleib Martin Luthers Auskunft geben könne.

Der Fremde erwiderte: „Ich hab gewüssen Bericht, daß der Luther jetztzumalen nit zu Wittenberg. Er soll aber bald dahin kommen. Philippus Melanchthon aber ist da: er lehrt die griechische Sprache, so auch andere die hebräische lehren, welche beid ich üch in Treuen raten wollt, zu studieren. Dann die heiligen Schriften zu verstehen, bevor notwendig sind."

Die Studenten bekundeten ihre Genugtuung über diese Auskunft. Denn Luthers halber, bekannten sie offen, hätten sie bloß ihre Fahrt unternommen. So seien beide von ihren Eltern von Jugend auf für den Priesterstand bestimmt worden und wollten sich näher über Luthers Lehren unterrichten.

Nachdem der Reiter weiter vernahm, sie hätten vorher in Basel studiert, erkundigte er sich überraschend intensiv nach Erasmus von Rotterdam. Dabei mischte er lateinische Worte in seine Reden, so daß die Studenten immer mehr in Verwunderung gerieten. Ein Mann mit so vielseitigen Kenntnissen und Interessen konnte doch kein gewöhnlicher Reiter sein?! Auch von Luther sprach der Unbekannte und wollte wissen, was die Leute in der Schweiz von ihm halten. Unbemerkt öffnete Keßlers Gefährte neugierig das vor dem Reiter liegende Büchlein und erkannte es zu seinem Erstaunen als einen hebräischen Psalter.

So war es unter mancherlei Gesprächen Abend geworden. Der Wirt erschien und konnte hören, wie sehr die Studenten danach verlangten, Luther zu Gesicht zu bekommen.

Lachend zeigte der Gasthausbesitzer auf ihren Tisch und sagte: „Wenn Ihr zwei Tage früher gekommen wäret, hättet Ihr ihn sehen können, hier hat er gesessen."

Da konnten die Schweizer ihre Erregung nicht mehr verbergen. Sie fluchten und schimpften über die schlechten Wege, die Schuld daran seien, daß sie nicht eher eingetroffen waren. Als Keßler später zu dem Wirt hinauskam, zeigte dieser sich gesprächig. Da er erkenne, daß es den Studenten Ernst mit dem Verlangen sei, Luther zu sehen, so wolle er ihm nur sagen, „der ist's, der bei Euch sitzt."

Keßler meinte, der Wirt wolle ihn zum Narren halten, und auch die wiederholte Versicherung überzeugte ihn nicht. Ebensowenig hielt sein Kommilitone die Mitteilung für wahr.

„Du hast ihn gewiß nicht recht verstanden", zweifelte dieser, „er hat vielleicht Hutten gesagt."

Verunsichert folgte Keßler diesem Gedanken. Ulrich von Hutten, der berühmte Streiter für die Reformation, war ein Ritter. Er konnte daher weit eher in dem Reiterwams stecken als ein Mönch.

Außerdem! Die Namen klangen ähnlich.

Beide waren nun überzeugt, sie hätten es mit Ulrich von Hutten zu tun, und führten auch das Gespräch in diesem Sinne.

Bald gesellten sich noch zwei Kaufleute, die gleichfalls im „Bären" zu übernachten gewillt waren, zu der kleinen Gruppe. Einer derselben hatte ein Buch bei sich. Als der Reiter danach fragte, was es wäre, gab der ihm die Antwort, es sei Doktor Luthers Auslegung etlicher Evangelien und Episteln, erst neu gedruckt und herausgegeben.

Der vermeintliche Hutten lud nun auch die Kaufleute ein, bei ihm zu sitzen und mit zu essen. Während der Verköstigung wußte er so schön über Gottes Wort und die zeitlichen Ereignisse zu sprechen, daß seine vier Zuhörer verwundert lauschten und schier das Essen über der Rede vergaßen.

Die evangelische Wahrheit, äußerte er, würde erst in den Kindern und deren Nachkommen die rechte Frucht tragen. Die Lebenden seien zu sehr im Banne der päpstlichen Irrtümer. Einer der Kaufleute sprach sich dahin aus, der Luther müsse entweder ein Engel vom Himmel oder ein Teufel aus der Hölle sein.

Kurz nach Mitternacht kam der Wirt an den Tisch der Zechenden und sagte ihnen heimlich, sie brauchten für die Zehrung nicht zu sorgen. Martinus habe das Nachtmahl für sie ausgerichtet.

Nach dem Essen begaben sich die Kaufleute in den Stall, um nach ihren Pferden zu sehen. Die Studenten, jetzt wieder mit dem gastfreundlichen Ritter allein, dankten ihm für die Bewirtung, wobei sie merken ließen, daß sie ihn für Hutten hielten. Lächelnd erklärte dieser, daß er Hutten nicht sei. „Ich bin plötzlich zu einem Edelmanne geworden", bedeutete der Fremde dem hereinkommenden Wirt, „diese Schweizer halten mich für Ulrich von Hutten".

„Der seid Ihr nicht", erwiderte der Gastwirt, „aber Martinus Luther." Der Reiter lachte laut auf und scherzte: „Die halten mich für Hutten, Ihr für Luther."

Dann bot er den Studenten noch einen Abschiedstrunk, von ihm als „einen fruntlichen Trunk zum Segen“ benannt. Den Männern die Hand reichend, vernahmen diese aus seinem Mund die Worte: „Wenn Ihr gen Wittenberg kommt, grüßt mir den Doktor Hieronymus Schürpfen.“ Sie erklärten sich dazu gern bereit, fragten aber, von wem sie grüßen sollten.

„Sagt ihm nur, der da kommen soll, läßt Euch grüßen“, entgegnete verhalten der Reiter, „dann wird er es schon wissen.“ Ohne weitere Worte zu verschwenden, begab er sich zur Ruhe.

Als die Kaufleute zurückkehrten, wurde noch viel über den rätselhaften Gast gesprochen. Der Wirt blieb dabei, daß sie den Abend mit dem berühmten Luther verbracht hätten und dem lieben Gott dafür danken sollten.

Die Kaufleute sprachen auch am nächsten Morgen selber noch einmal mit dem Fremden, welcher sich jedoch nicht über seine Persönlichkeit ausließ.

„Wenn Ihr zu Luther geht, um ihm zu beichten, wie Ihr angekündigt habt“, sprach der Mann zu ihnen, „so werdet Ihr ja erfahren, ob ich der Martinus Luther bin oder nicht.“

Ohne eine Pause entstehen zu lassen, saß er auf und ritt davon.

Die beiden Schweizer setzten ebenfalls am selben Tag ihre Reise fort. In Wittenberg angekommen, suchten sie sofort ihren Landsmann Doktor Hieronymus Schürpfen auf, um die mitgeführten Empfehlungsbriefe zu übergeben.

Sie wurden in eine stickige, für die Tageszeit zu dunkle Stube geführt. Trotz der ungünstigen Lichtverhältnisse konnte den Anwesenden das Erstaunen der Studenten nicht verborgen geblieben sein. In dem Zimmer befand sich nämlich außer dem Gesuchten und dessen Bruder Augustin auch Melanchthon und jener Reitersmann, mit dem sie in Jena im „Schwarzen Bären“ gezecht, gegessen und sich unterhalten hatten.

Lächelnd begrüßte er sie, zeigte mit dem Finger auf Melanchthon und sprach: „Dies ist der Philipp Melanchthon, von dem ich Euch gesagt habe.“ Nun erfuhren sie, daß es wirklich Luther war, mit dem sie kurz zuvor zusammen gewesen waren. Der berühmte Reformator hatte es unter den obwaltenden Verhältnissen auf der Wartburg nicht mehr ausgehalten.

Im festen Glauben, daß es nur ihm selber gelingen könne, die Händel in Wittenberg zu schlichten, hatte er sich kurzentschlossen in Reiterwams und Reitstiefeln zu Pferde an den Ort des Streites begeben.

Was kümmerten den mutigen Geistlichen alle ihm unterwegs drohenden Gefahren? Selbst die Ungnade seines Kurfürsten schreckte ihn nicht. Luther zeigte ihm den Entschluß in einem Schreiben an. Sein Weg führte ihn durch Jena, wo er mit Keßler und dessen Freund zusammentraf.

Nichts in der naiven Schilderung Keßlers, wird später vom Historiker angemerkt, ist charakteristischer als die heitere Ruhe des gewaltigen Mannes, der unter Acht und Bann mutterseelenallein durch Thüringen reitet, im Herzen schwere Sorge um den Unverstand fanatischer Glaubensbrüder.

Bettlerzinken in Jena

Freitagnachmittag im Frühjahr 1922. Die Jenenser konnten an diesem Tage mit dem Wetter zufrieden sein. Frau Sonne lachte, wenn auch noch etwas mißgestimmt, zum Fenster herein. Hier und da wichen dunkle Wolken einer klaren Bläue. Mutter Riehbach saß im behaglichen Lehnstuhl am Fenster und strickte. Die Gardinen waren zur Seite gezogen. Durchs offene Fenster strömte frische Luft. Drei Glockenschläge hallten vom nahen Turm der Stadtkirche herüber. Mutter Riehbach schrak fast unbemerkbar zusammen. „Was, schon 15 Uhr? Da wird's Zeit, daß ich den Kaffeetisch decke, die Kränzelschwestern können jeden Augenblick kommen."

Aus dem alten Spind zerrte sie eilig die blütenweiße Damastdecke und aus dem väterlichen Glasschrank das prachtvolle alte Porzellanservice. Beides fand auf dem Tisch im geräumigen Wohnzimmer Platz.

Die alte Dame rannte mit einer solchen Geschwindigkeit umher, daß ein ungebetener Beobachter es nicht geglaubt hätte. Da, vom Vorsaal her ertönte ein Klingelzeichen. „Das wird die Fränze sein, die ist doch meistens die Erste. Sie will wohl gleich mithelfen, und nun bin ich schon fertig."

Geschwind öffnete die Gastgeberin die Tür. Mit ihrer Vermutung hatte sie jedoch weit gefehlt.

„Ein armer Reisender bittet um eine kleine Gabe. Ich habe seit heute mittag kein warmes Essen im Leibe und bin hungrig. Bitte, geben Sie mir eine Kleinigkeit."

Ein üppiges Butterbrot und ein Groschen ließen den Alten, er hatte gut seine siebzig Jahre auf dem Rücken, beglückt gehen. „Gott lohn's Ihnen und Ihren Kindern!" Mit Danksagungen wandte sich der Bettler zur nächsten Tür. Mutter Riehbach sah, durch die Scheibengardinen gedeckt, in den Vorsaal und lauschte. „Ob denn Müllers heute wieder nichts geben? Aber der Alte klingelt ja gar nicht, sondern geht eine Etage höher! Sonderbar!" Nachdenklich ging sie ins Zimmer zurück und harrte ihrer Kränzelschwestern.

Eine Stunde später saßen vier alte Damen strickend, häkelnd und plaudernd um den Kaffeetisch. Der Kaffee, von guter Bohne gebrüht, und der Aschkuchen „en miniature" (die Zeiten erlaubten's halt nicht anders) mundeten vortrefflich. Da klingelte es wieder. Mutter Riehbach, die gleich vorn an der Stirnseite des Tisches saß, eilte zur Tür.

Wieder stand ein Bettler vor der Tür, nahm den Hut ab und . . . schwieg. Seine treuherzigen Augen bewirkten, daß auch er mit einer kleinen Gabe abziehen konnte.

„Es ist wahrhaftig nicht mehr zum Aushalten. Diese Bettelei den ganzen Tag. Das ist heute schon der zweite. Da muß ich noch zufrieden sein. Andere Tage ist's noch ärger", stöhnte die Gastgeberin. „Ja, liebe Anna, du hast recht, mir geht es auch nicht anders. Die müssen doch eine ganz feine Nase haben, daß sie immer zu uns kommen."

Die folgende ausgiebige Unterhaltung erging sich nun über das hiesige zunehmende Bettlerunwesen.

In dieses Gespräch tönte bald wiederum das schrille Klingelzeichen. Vor der Tür stand jener Student, den Mutter Riehbach vor einigen Monaten einquartiert hatte, und den sie nun mit den Worten empfing: „Ach Sie sinds, Herr Lix, ich dachte, es wäre schon wieder ein Bettler". – „Aber erlauben Sie mal, ich bin doch kein Bettler, haben Sie denn heute recht viel solchen Besuch gehabt?" – Die Unterhaltung spann sich bei einer Tasse Kaffee weiter, und dem „Untermieter" wurde das ganze Leid geklagt. „Ja, immer kommen sie zu mir, und zu Müllers drüben gehen sie überhaupt nicht", wehklagte die Wirtin.

„Passen Sie mal auf, meine verehrten Damen", entgegnete nach längerem Grübeln der Student, „wenn das nicht bei uns an der

Vorsaaltüre steht, daß es hier immer etwas gibt, lasse ich mich vierteilen."

Erstaunt sahen ihn die Damen an: „Ach so, das können sie ja gar nicht wissen", klärte er sie weiter auf. „Die Bettler, ich meine aber damit in der Hauptsache die ‚berufsmäßigen', haben nämlich gewisse Zeichen, ‚Zinken' genannt. Diese Zinken, das Wort stammt vom lateinischen Signum (das Zeichen), werden von den ‚Kunden, Tippel- oder Walzbrüdern' unauffällig an den Türen usw. angebracht, und daran merken sie sofort, ob hier etwas zu machen ist. Ich will doch gleich mal nachsehen." Der Studiosus brauchte sich wahrhaftig nicht vierteilen zu lassen. Seine Vermutung war richtig. Unten an der Tür war prompt ein Kreis angebracht. Bei Müllers war das Gegenteil, eine Schlangenlinie, zu sehen. Das ging natürlich den alten Damen über die Hutschnur. Sie versprachen, einmal gründlich nach derartigen Zeichen zu sehen. Der Student ließ es nicht dabei bewenden und ging auf die Suche. Das Glück war ihm hold. Bei verschiedenen Bekannten entdeckten seine „Detektivaugen" derartige Bettlerzinken, über die dem verehrten Leserpublikum nachstehend Aufklärung gegeben werden soll.

Die Bettlerzinken wurden an den verschiedensten Flecken ganz unauffällig angebracht und verrieten dem wissenden „Kunden" alle notwendigen Angaben. Auch in Jena wurden diese Zinken von den „Tippelbrüdern" ziemlich oft verwandt. Das „Klinkenputzen" oder das „Fechten", wie fachmännisch das berufsmäßige Betteln bezeichnet wurde, war ja dann nicht allzu schwer.

Bruder Lustig wußte so, welchen „Wind er stoßen mußte". Die Zinken sagten ihm sofort, ob die „Luft rein" war. Er mußte sie nur kennen und dann von Wohnung zu Wohnung ziehend suchen. Versteckt und unauffällig wurden sie mit Kreide, Kohle oder gar mit einem Messer oder Nagel an verschiedene, aber immer geeignete Orte angebracht: An den Vorsaaltüren unten an der Scheuerleiste, unter der Klinke, auf dem Fußboden und sogar am Briefkasten. Sie zeigten deutlich an, ob man hier etwas bekommen konnte oder nicht. Noch mehr, sie gaben sogar an, wie man vorsprechen mußte.

Ein schräg liegendes Pluszeichen oder eine Schlangenlinie (3) bedeuteten: Hier gibt es nichts.

Ein Kreis (13) besagte: Hier ist etwas zu machen, hier bekommst du viel. Das Zeichen (8) gab an, daß beim Vorsprechen besonders höflich gebeten werden mußte, oder (7): Hier bekommt ein Kranker etwas. Die Art und Weise des Vorsprechens war also hier besonders klar vorgegeben. Ein mit einem Kreis umgebenes Kreuz (12) zeigte eine Gabe in Gestalt von Eßwaren an, was vielen Bettlern „von Beruf aus" nicht immer angenehm war. Er ist aber auch in diesem Falle nicht weggegangen, ohne „angesprochen" zu haben, denn der Bettler gab dann vor, „seine todkranke Mutter" besuchen zu wollen. Ein fingierter Brief wurde dann als Beweismittel dafür herangezogen, daß die Mutter in der Ferne auf dem Sterbebette liegt und ihren „lieben Sohn" noch einmal zu sehen wünscht.

Die Bitte nach einem Zehr- oder Fahrgeld war also dann vollkommen gerechtfertigt, zumal schauspielerisch veranlagte „Kunden" noch mit einigen gequetschten Krokodilstränen nachhalfen. Ein aufrecht stehendes Kreuz mit dickem Balken (5) wies auf eine reiche Gabe hin. Einige nebeneinander gestellte Nullen (6) zeigten gleichfalls reiche Beute an. Geistliche oder ähnliche beamtete Personen, wie Wohlfahrtspfleger usw., wurden durch ein einfaches Pluszeichen (14) markiert. Sogar der Wächter des Hauses, der Hof- und Wachhund, bekam, falls er sich durch einen bissigen und „zugreifenden" Charakter auszeichnete, seine Kennmarke (11). Es erklärt sich von selbst, daß ein Haus, in dem ein Schutzmann wohnte, von keinem wissenden Kunden betreten wurde. Personen, die in engster Verbindung mit der Polizei standen, bedachten die „Profis" mit besonderen „Aufmerksamkeiten". Ein Gitter in Form

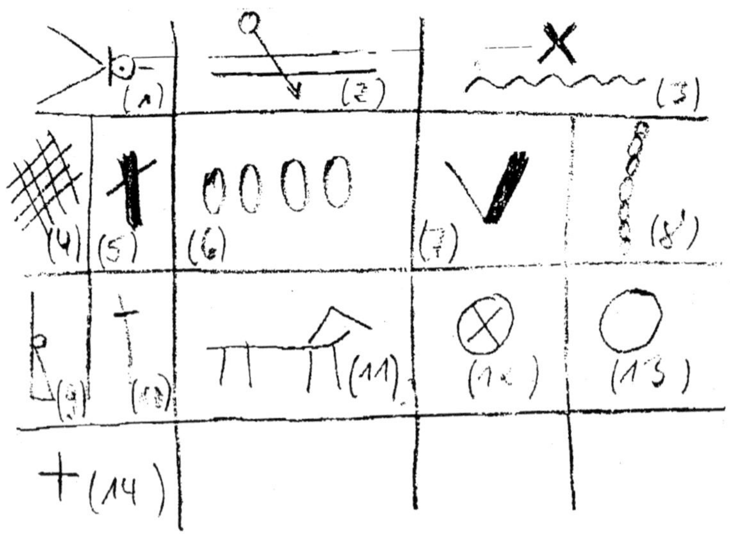

einiger Striche (4) ließ den Bettler an der Tür unauffällig, möglichst gedeckt vorübergehen. Die Zeichen für im Hause wohnende Polizeibeamte waren vielgestaltig und ebenso eindeutig. Ein zwei parallele Striche schräg kreuzender Pfeil (2) ließ den „Tippelbruder“ sofort „verduften“ oder „Leine ziehen“. Ebenso das Zeichen (1), das in trefflicher Einfachheit senkrecht stehend das Auge des Gesetzes mit dem „Blitzer“, dem Helm, anzeigte. Das harmlose Bildchen eines Säbels (10) wies gleichfalls auf einen Schutzmann, oder das eines Gewehrs (9) auf einen Gendarmen hin. Die Gefährlichkeit solcher Häuser ließen alsdann den „Kunden“ einen großen Bogen schlagen.

Viele Jenenser brauchten sich nicht wundern, warum gerade sie von Bettlern überlaufen wurden. Die Unkenntnis dieser Zeichen bescherte ihnen die unliebsamen, allzu häufigen Gäste. Nach Kenntnis der Zeichen war ein jeder in der Lage, sie aufzufinden und zu beseitigen. Gegebenenfalls konnten sie durch irgendein passendes Zeichen ersetzt werden. Ob dies dann an der Wohnungstür oder am Hauseingang angebracht wurde, war gleich. Der Erfolg blieb nicht aus. Wenn dann und wann doch ein Bettler vorsprach, dem konnte ruhig eine Gabe gegeben werden. Es war dann in den meisten Fällen kein Wissender, sondern ein reisender Handwerksbursche auf der „Walze“. Dem konnte ruhig eine kleine Spende verabreicht werden.

Der „grobe Wilhelm“

Auf einer alten vergilbten Visitenkarte läßt sich eine Aufschrift erkennen, die von einem „hochgestellten“ und berühmten Manne ausging.

So sieht sie aus:

Wilhelm auf und zu Wilhelmshöhe

regierender Bierfürst

Besitzer einer Reformkanone, eines kaukasischen Nihilistenpinschers sowie einer Guanofabrik. Erfinder des Schittschi, Atschittschi, Schittschimaja des Anus des Anonymus und Anuspräter naturalis.

Der Mann muß sich seiner Würde und Bedeutung wohl bewußt gewesen sein.

Die Schenkstube der „Wilhelmshöhe“ war sein Domizil. Hier hatte Wilhelm einst als mächtiger „Bierfürst“ gewaltet und geherrscht.

Seine Visitenkarte bildet ein wertvolles Dokument zur Geschichte des alten Jenaer Lebens, handelt es sich mit dem Schankwirt doch um eines der letzten berühmten Originale der alten Musenstadt. Natürlich waren die Studenten seine treuesten Kunden und begeistertsten Verehrer. Doch auch die Bürger besuchten ihn gern. Die meisten Fremden, die sich in den achtziger Jahren des vorigen Jahrhunderts Jena und das lebendige Treiben in der Stadt ansahen, stiegen auch zum groben Wilhelm hinauf. Meist in der Hoffnung, Zeuge einer seiner berühmten Grobheiten, allerdings in der Regel auf Kosten anderer, zu werden. Durch seine „Grobheit“ war er, wie noch manche andere Wirte, weithin bekannt, berühmt und auch beliebt geworden. Ihm nahmen die Gäste selbstverständlich nichts übel.

Sie lachten nur. Ging es wider Erwarten auf eigene Kosten, so ärgerte sich der Betreffende vielleicht im ersten Moment ein bißchen, vergaß jedoch den Ärger schnell wieder über der Freude, von einem „Schatten seiner Größe“ getroffen worden zu sein. Das kleine Ereignis konnte doch später, als einem anderen Gast zugestoßen, weitererzählt werden.

Bildnis Wilhelm Kramer

Wenn von Wilhelm Kramers berüchtigter Grobheit geschrieben wird, so darf dabei nicht etwa an Roheit gedacht werden. Eine Grobheit, die nichts als grob, also roh ist, wird niemals berühmt und beliebt. Witzig muß sie sein! Wilhelm besaß in hohem Maße jenen kaustischen und zugleich drastischen Witz, der einer scheinbaren Grobheit den persönlichen Stachel nimmt. Er war wohl grob, niemals aber gemein. Seine Grobheit war gewissermaßen sachlich, nicht persönlich. Er gab seine kernig-humoristischen Grobheiten niemals lachend zum besten, sondern aus einem würdigen, unerschütterlichen Ernst heraus. Sie erschienen als Natur, als von seinem Wesen und Charakter unzertrennlich. Waren es sicherlich auch, obgleich der Mann auch sehr liebenswürdig und entgegenkommend sein konnte! Gerade dieser würdevolle, gravitätische Ernst verstärkte ebenso den Eindruck seiner „Grobheiten" wie die gedrungene, kernige Gestalt des Mannes an sich, die beim ersten Anblick mit dem prachtvollen, sorgfältig gepflegten Vollbart schon Vertrauen und Zuneigung, ja Ehrfurcht erweckte. Darum hatte er gar nichts Läppisches, Gemachtes an sich. Er vergaß und entwürdigte sich nie. Der Zuhörer lachte nicht über den Menschen, sondern lediglich über seine Scherze. Jene, die ihn umgaben, sahen sich genötigt, den gewitzten Wirt zu achten und zu schätzen. Die Achtung wuchs bei vertrauterer Bekanntschaft, war doch Wilhelm nicht bloß der „grobe Wilhelm", sondern auch ein Mann von biederer Überzeugung und Gesinnung, der ganz genau wußte, was er wollte. Seine klugen, ruhigen Augen leuchteten in hoher Begeisterung auf, wenn er seine Erlebnisse in den stürmischen Jahren 1848 und 1849 erzählte. Damals war zur Unterstützung des sächsischen Aufstandes eine größere Anzahl Freiheitsfreunde Jenas und anderer Thüringer Ortschaften ausgezogen. Sie führten eine Anzahl mit allerlei Lebens- und Hilfsmitteln schwer bepackte Wagen mit sich. Unter den Ausziehenden befand sich auch Wilhelm. Doch war es ihm und seinen Freunden nicht beschieden, persönlich an den Kämpfen in Dresden teilzunehmen, denn als sie in die Gegend von Chemnitz gelangten, erfuhren sie, daß die Aufständischen bereits besiegt und zersprengt worden seien. Unter diesen Umständen blieb ihnen natürlich nichts übrig, als schleunigst umzukehren.

Wenn dieser Mann eingangs als „hochgestellter" Mann vorgestellt wurde, so bedarf das wohl keines Beweises, da seine Residenz hoch droben auf halber Höhe des Hausbergs gelegen war. Da hinauf führte damals noch kein bequemer Weg. Die Gäste kamen an heißen Sommertagen schweißtriefend und atemlos auf der Wilhelmshöhe an. So erging es einst einem hochstehenden, vornehmen Herrn, der auch einmal Wilhelm kennenlernen wollte. Als er mit seinen Begleitern glücklich gelandet war, wischte er sich keuchend und pustend den Schweiß von der Stirn und äußerte klagend zu dem ihm entgegentretenden Wirt: „Wilhelm, es ist aber wirklich schwer, zu dir heraufzugelangen.“ Da soll der Legende nach Wilhelm trocken erwidert haben: „Dummes Luder, wärste doch unten geblieben.“ Wilhelm nannte nämlich, wie alle bekannt gewordenen groben Wirte, alle Leute „du“, oder richtiger, er trank mit jedem neuen Gaste, den er noch nicht kannte, auf der Stelle Brüderschaft. Mit allen Studenten duzte er sich eo ipso. Bei der Ankunft anderer Sterblicher, mit denen die feierliche Handlung des Brüderschafttrinkens erst vollzogen werden mußte, brachte Wilhelm außer den üblichen Kümmeln ganz selbstverständlich ein Glas für sich selbst mit. Der neu eingeführte Gast hat diese Gabe natürlich mit berappen müssen. Die Gläser standen rundherum auf einer Platte, und in der Mitte fand sein eigenes Gläschen Platz. Niemand durfte aber zufassen und trinken, bis er nicht kommandierte. Mit den Worten: „Erhebt die mächtigen Doktoren!“ ergriff er das für ihn bestimmte Gläschen. Alle anderen nahmen dann ihre Gläser. Nun hieß es: „Stoßt an! Setzt an! Zieht!” Nach dem Austrinken gab er dem Neuling die Hand, damit war die Brüderschaft vollzogen, und der Gast stand nun mit ihm auf dem Duzfuße. Da wird mancher Leser meinen, daß Wilhelm an Tagen starken Besuchs wohl manchmal eine erstaunliche Zahl Kümmel habe vertilgen müssen, was ihm doch weder hygienisch noch moralisch sehr förderlich gewesen sei. Aber damit ist er gewaltig auf dem Holzwege. Wilhelm wußte sich zu helfen. Ein mißtrauischer Student entlarvte den Alten eines schönen Tages. Bevor Wilhelm noch sein Kommando „Erhebt die mächtigen Doktoren!“ ganz vollendet hatte, bemächtigte er sich des für den Wirt bestimmten Mittelglases. Wilhelm zog ein grimmiges Gesicht, aber an der Tatsache war nichts mehr zu ändern. Der Student leerte Wilhelms Glas und rief schaudernd: „Wasser!“ In ähnlicher Weise beluchste der Bierfürst die Studenten mit seinem Weißbierkännchen.

Aus dem Gefäß mußte er so oft „Bescheid tun“, daß der Kneiper, wenn er jedesmal dem verlangten Ganzen oder Halben nachgekommen wäre, das Delirium in einem Jahr hätte bekommen müssen.

Der schlaue Wilhelm ließ sich daher ein besonderes Kännchen mit einem zweiten Boden unweit des oberen Randes anfertigen. Da konnte der Witzbold dann, nachdem er immer bloß den geringen Inhalt vertilgte, die Kanne getrost von oben nach unten schwenken und die Nagelprobe ausführen. Es floß kein Tropfen mehr heraus. Nach einer anderen Lesart war das Kännchen sogar so kunstvoll präpariert, daß der Gastwirt nach dem Austrinken die Scheidewand auf den wirklichen Boden niederfallen lassen konnte.

Im 19. Jahrhundert bot die Wilhelmshöhe nicht den gleichen Anblick wie heute. Dort stand damals ein kleines Wohnhaus in der Mitte, das rechts und links von zwei niedrigeren langgestreckten Gebäuden flankiert wurde, von denen das eine aus Steinen, das andere aus Holz errichtet war. Das eine hieß der „Ahnensaal", das andere die „Altdeutsche Stube". Wurde jemand zum ersten Male in der Wilhelmshöhe eingeführt, dann erscholl hinterlistig die Frage: „Wollen wir uns in den ‚Ahnensaal' oder in die ‚Altdeutsche Stube' setzen?" In der Regel entschied sich der Neuling voller gespannter Erwartungen für den „Ahnensaal". Er mochte wohl bei sich denken, die innere Einrichtung würde das unscheinbare Äußere der Baulichkeit Lügen strafen. Allein schmerzlich enttäuscht blickte der Unwissende umher. Eine mit peinlichster Vermeidung allen Komforts errichtete Halle nahm ihn auf, mit schlichten hölzernen Tischen und Bänken, geschwärzter Decke und einfachen Petroleumlampen. Nur die Wände boten einen eigenartigen Anblick. An ihnen war nämlich, außer einigen Lichtbildern von bemoosten Häuptern, eine Dekoration von Visitenkarten zu bemerken. Jede enthielt unter einem mehr oder minder schön ausgeführten Zirkel den Namen eines ehemaligen oder derzeitigen Zechers respektive Studenten. Alle Wände waren mit Visitenkarten bedeckt – das war die Ahnengalerie. In dieser Ursprünglichkeit und teils gesuchten, teils ungesuchten Simplizität bestand eben die Poesie der Örtlichkeit. Auch die sogenannte „Altdeutsche Stube" unterschied sich von dem „Ahnensaal" nur durch das Fehlen der Visitenkarten.

Hier hatte Wilhelm an Ersatz gedacht!

Die Wände waren kohlrabenschwarz getüncht, worauf die Kreide der Eitelkeit wahrhaft fürchterlich hauste. Zirkel, Inschriften, Karikaturen, Namenszüge wechselten in bunter Reihe, selbst die Decke war nicht verschont geblieben. Wenn nun der Neuling angesichts solcher Malerei kritisch bemerkte, daß dieser Bude ein Anstreicher dringend nötig sei, belehrten ihn die Besserwissenden, die Alteingesessenen, mit verständnisvollem Lächeln. Wilhelm hätte einen solchen Wandverderber mit Entrüstung an die Luft gesetzt und ihm nachgewiesen, daß Wände und Decke nicht etwa schmutzig, sondern absichtlich schwarz angestrichen seien. Warum? Vorher war die Stube weiß gestrichen, die Studenten beschmierten aber die Wände derart mit Bleistift usw., daß sie ganz schwarz wurden. Darüber ärgerte sich Wilhelm so, daß er die Stube schwarz malen ließ und den Studenten dabei erklärte: „So, nun könnt ihr mir sie einmal weiß schmieren."

Die Musensöhne haben, wie der Augenschein zeigte, sich redlich zu tun bemüht. Erkundigte sich der Neuling dann nach der Reformkanone, so führte ihn Wilhelm hinaus in den Garten vor das große auf die Stadt gerichtete Fernrohr. Guckte er neugierig hindurch, so entpuppte sich das Instrument als ein bloßer Pappezylinder ohne alle Gläser. Der Nihilistenpinscher war Wilhelms zottiger Haushund und die Schittschi, Atschittschi usw. stellten von Wilhelm angeblich erfundene Schnäpse dar, von denen jedoch behauptet wurde, daß sie sämtlich aus der gleichen Flasche stammten. Jedenfalls wiesen sie untereinander eine verzweifelte Ähnlichkeit auf. Es war eben etwas für Kenner! Zuweilen ereignete es sich, daß Wilhelm abends, obwohl er einen gehörigen Stiefel vertragen konnte, doch etwas zu stark die Wirkung des trefflichen Stoffes verspürte, den er verschenkte. Der wackere Wirt bekam dann seinen „Moralischen", wie es die Studenten nannten. In diesen Situationen hielt der Gastgeber eindringliche Vorlesungen über ihren liederlichen Lebenswandel und ermahnte sie, lieber zu studieren als zu trinken. Schließlich wollte er sie, wenn es ihm gar zu arg oder zu spät wurde, hinauswerfen. Diese Auftritte endeten aber stets damit, daß Wilhelm nicht die Studenten hinauswarf, sondern ihn die Studenten. Die leichtsinnige Jugend hat eben nicht einmal vor einem „regierenden Bierfürsten" Respekt gehabt!

An einem Pfingstsonntag besuchte der Autor vieler heimatgeschichtlicher Betrachtungen, Friedrich Thieme, in Begleitung einiger befreundeter Damen und Herren die Wilhelmshöhe. Leider fanden sie sowohl den Garten als den „Ahnensaal" und die „Altdeutsche Stube" bis auf den letzten Platz besetzt. Sie wollten gerade dem Etablissement enttäuscht den Rücken kehren, um nach dem Fuchsturm weiterzupilgern, da entdeckte Wilhelm die Gesellschaft und trat hastig zu ihr. „Na, Ihr wolltet doch nicht etwa

Entw. u. ausgef. v. F. W. Geiling.

Fack-

Lith. Anst. v. Werner & Winter, Frankfurt a. M.

zug.

Anhang

Die „Räuberia" zu Lichtenhain

Einen wesentlichen Bestandteil des Herzogtums Lichtenhain, jenes feudalen Bierstaates der studentischen Korps, bildete der „Räubertisch". Er hatte sich bei Zechgelagen der Musensöhne in der Burg zu Lichtenhain allmählich herausgebildet. Um die Mitte des 19. Jahrhunderts entstand die Satzung der „Räuberia", die in ihrer humorvollen Originalität und derben Urwüchsigkeit wörtlich wiedergegeben sei:

Hochnotpeinliche Konstitution der „Räuberia" zu Lichtenhain 1858–1860

Allgemeine Bestimmungen

§ 1

Die Räuberia ist weder Korps noch Burschenschaft, weder Landsmannschaft noch Orden, weder Kränzchen noch Clique, weder Verein noch Blase, sondern nichts als Räuberia. Da aber nach politisch-polizeilichen Begriffen das Räuberleben verboten ist, so gehört die Räuberia zu den verbotenen Gesellschaften.

§ 2

Sitz der Räuberia

Die Räuberia hat ihren Sitz in Lichtenhain und den es umgebenden Kordilleren, und zwar in Lichtenhain in der Hofburg, weil dies eo ipso eine Mördergrube ist.

§ 3

Zweck der Räuberia

Die Räuberia hat eigentlich keinen Zweck, jedoch darf niemand ihre Sitzungen besuchen, ohne sich amüsieren zu wollen. Fehlt einer dagegen, so wird er aus der Räuberia hinausdirigiert und heißt auswärtiges Ehrenmitglied.

§ 4

Die Räuber teilen sich in zwei Hälften, in wirkliche und auswärtige. Die wirklichen zerfallen in den Räuberhauptmann, Oberräuber, Unterräuber und Räubergesindel, die auswärtigen in Ehrenmitglieder und Apostaten.

§ 5

Regierungsgewalten der Räuberia

Die Regierung wird vom Hauptmann und in ganz schwierigen Fällen durch ein aus drei von dem ärgsten Gesindel bestehendes hochnotpeinliches Halsgericht geführt.

Als Grundgesetze dienen dabei die hochnotpeinliche Halsgerichtsordnung Karls V. und in subsidium die arbiträre Meinung des Hauptmanns. Außerdem wird strenge darauf gesehen, daß die eigentümlichen Sitten und Gebräuche der Räuberia, die genügend zu beschreiben jede Feder zu schwach ist, unversehrt erhalten werden.

§ 6

Spezielle Bestimmungen

Jedem Fuchs oder Burschen, dem eine Schlechtigkeit zuzutrauen ist, der eine Galgenphysiognomie oder ein Diebsgesicht aufweisen kann, das ihn berechtigt, zu Mordgeschichten auf den Jahrmärkten gezeigt zu werden, kann die Aufnahme in die Räuberia nicht gut verweigert werden.

§ 7

Wenn jemand auf den Leim gegangen ist, muß er sich dem Hauptmann vorschlagen lassen, der ihm, wenn sich jemand für seine Qualität zum Räuberleben verbürgt, kein Hindernis zur Chloroformierung in den Weg wälzen wird.

§ 8

Nachdem der Hauptmann über dessen Aufnahme hat abstimmen lassen, wobei jedoch auf Majorität oder Minorität der Stimmen kein großes Gewicht gelegt werden soll, appliziert er mit einem Dolche oder Federmesser dem Aspiranten das übliche Räuberkrux in dessen rechten Arm und überreicht ihm das dreifarbige Band.

§ 9

Hierauf beschwört der Neurezipierte die hochnotpeinliche Konstitution der Räuberia, er mag sie kennen oder nicht.

§ 10

Das Gesindel ist so ziemlich gleichberechtigt, doch haben immer ältere gewiegte Räuber mehr zu sagen als jüngere.

§ 11

Auch in der Räuberia wird vor allen Dingen fortgesoffen.

§ 12

Über dem Gesindel steht der Hauptmann als souveräner Herrscher nicht etwa, weil er leiblicher Vater des Gesindels ist, sondern weil er eine geistige Vaterschaft über jenes besitzt. Das Gesindel hat ihm unbedingt Folge zu leisten, außer bei solchen Verordnungen, die Spuren von Altersschwäche in sich tragen.

§ 13

Der Räuberhauptmann hat stets ein wachsames Auge auf den Lebenswandel des Gesindels zu werfen und besonders das Umsichgreifen der Ordnungsliebe und Loyalität zu verhüten.

§ 14

Der Räuberhauptmann hat Freibier und freie Zigarren, welch letztere die Räuber den anwesenden Prinzen e n t l e h n e n dürfen, doch dürfen sie sich dabei nicht ertappen lassen, da dies kein gutes Testimonium für die Geschicklichkeit der Räuber sein dürfte.

§ 15

Sollte ein Räuber Miene machen, aus der Räuberia austreten zu wollen, so soll er, indem man ihm zuvorkommt, hinausdirigiert werden. Restitutio in integrum ist unter Verhältnissen für 5 Silbergroschen gestattet.

§ 16

Das Band, welches die Räuberia zusammenhält, besteht aus den reizenden Farben „braun-weiß-grau“, das heißt: Braunbier, Weißbier, Schnaps. Ihr Motto ist:

> Das Leben ist der Güter höchstes nicht,
> Der Übel größtes aber sind die Schulden.

§ 17

Die Durchlaucht und die Prinzen sind geduldet, weil sie öfter Pretiosen, Zigarren und andere wertvolle Sachen bei sich haben, ganz besonders werden die Räuber auf den großen Diamanten in der herzoglichen Krone aufmerksam gemacht.

Zu Urkunden, daß vorstehende Satzungen als heilsam erachtet und daß ihnen allenthalben nachgelebt werden soll, haben wir diese Konstitution der Räuberia unter Beidruckung des Insignes mit unserer Namensunterschrift in Blut konfirmiert und bestätigt.

Ordnung und Einrichtung der deutschen Burschenschaften aus der Zeit der Entstehung dieser Vereinigungen

§ 1. Burschennamen.

Burschen nennen wir Deutschen von Alters her mit hergebrachtem löblichen Namen alle diejenigen, so eine frühere wissenschaftliche Bildung genossen haben und sich auf (der) hohen Schulen wissenschaftlichen Bestrebungen widmen.

§ 2. Burschenfreiheit.

Sich frei und selbständig nach eigentümlicher Weise im Lernen und Leben zum deutschen Manne zu bilden, ist der Zweck des Besuches von hohen Schulen und das Kleinod der Burschenfreiheit.

§ 3. Burschengleichheit.

Alle Burschen haben ursprünglich gleiches Recht auf die freie Übung der Burschenfreiheit. Von Gründung der deutschen hohen Schulen an ist diese Burschengleichheit gewesen, wie schon vor Jahrhunderten der Reim lautet:

„Auf Erden wie im Himmelreich
Sind die Burschen alle gleich.“

§ 4. Natürliche Unterschiede.

Natürliche Unterschiede entstehen nur durch Alter, Erfahrung, Einsicht, Kraft und das Vertrauen der Mitburschen.

§ 5. Deutsches Jugendleben.

Das Zusammensein so vieler junger Deutschen, ihr Anrecht auf Freiheit und Gleichheit, ihr Streben nach eigentümlicher Selbstbildung, der dadurch erweckte ritterliche Sinn und daraus erzeugte männlichere Umgang, die frische und freudige Lebenskraft gestalteten ein eignes deutsches volkstümliches Jugendleben. Alle einzelnen Stadt- und Landesgeschichten sind voll von den herrlichen männlichen Taten der deutschen Jugend, die im Frieden Lebenslust, im Kriege Tatenlust beseelte, so gern die Jungfrauen zum Tanze führte, sich schmückte mit bunten Kleidern und Federn, vor der man nicht schlafen konnte des Nachts in den Häusern, wenn sie, wohlgemut von Runden heimkehrend, die Stadt durchsangen.

§ 6. Burschenleben.

Als dieses freiere deutsche Jugendleben in allen anderen Ständen beschränkt wurde, fand es eine Freistatt auf den hohen Schulen und hieß nunmehr Burschenleben. Mit Recht singen nun unsere Altvordern auf ihren Runden:

„Ich lobe mir das Burschenleben,
Ein jeder lobt sich seinen Stand,
Der Freiheit hab' ich mich ergeben,
Sie bleibt mein bestes Unterpfand."

§ 7. Burschenbrauch.

Das Herkömmliche, Überlieferte und Übereinkünftige des Burschenlebens, was eigentlich alle Burschen auf allen hohen Schulen stillschweigend anerkennen, heißt Burschenbrauch.

§ 8. Sein Ursprung und Wert.

Der Burschenbrauch stammt als ehrenwertes Nachbleibsel aus alten Zeiten. In ihm, wie ihn die Bessern in den bessern Zeiten, in den bessern hohen Schulen immer aufrecht erhalten, sind die alten Überlieferungen vom früheren herrlicheren Leben der freien deutschen Jugend aus verschollenen Zeiten aufbewahrt, und wenn auch in bösen Zeitläuften hin und wieder durch undeutsche Satzungen entstellt, doch nicht ganz zu verkennen. Es wurde den Burschen verstattet, sich mit Sinnbildern des deutschen Jugendlebens zu zieren. Ihnen blieb das Schwert, „deutscher Männer stolze Wehr", 2. der Hut als Zeichen der Freiheit , 3. die Feder, 4. die Sporen, die Zeichen der Ritterschaft, denn dem anrüchigen, für ehrlos und wehrlos erklärten Ritter wurden sie abgenommen, 5. das bunte Kleid, die Lieblingstracht der Jugend, 6. Gold und Silber auf den Kleidern, sonst im bürgerlichen Leben nur das Vorrecht des Adels.

§ 9. Zweck der Burschenverbindungen.

Das Burschenleben zu genießen, zu erhalten und auf die Nachburschen zu bringen, entstanden in allen Zeiten, an allen Orten besondere, bald enger, bald loser geschlossene Burschenverbindungen.

§ 10. Ihre bisherige dreifache Gestalt

In dreifacher Gestalt sind sie bis jetzt im Laufe der Jahrhunderte erschienen: Pennalismus, Nationalismus et alia conventiuncula heißen die Gestaltungen in den Gesetzen der hohen Schulen.

§ 11. Zeit und Ziel.

Sie gründen sich also auf den Burschenbrauch, können also nur erst mit den Burschenjahren anfangen, nur Burschen als Teilnehmer haben und sich nicht über die Burschenzeit hinaus erstrecken.

§ 12. Beziehen sich nie auf das bürgerliche Leben.

Das nachherige bürgerliche Leben muß ihnen mit Recht fremd bleiben und kann nie ein Gegenstand ihrer Regeln werden.

§ 13. Dürfen niemals der Volkstümlichkeit widersprechen.

Aber im Gegenteil dürfen sie nie wider die deutsche Volkstümlichkeit verstoßen und müssen niemals vergessen, daß die heiligste Pflicht des deutschen Jünglings und des Gelehrten besonders ist, ein deutscher Mann zu werden und dereinst im bürgerlichen Leben für Volk und Vaterland kräftig zu wirken.

§ 14. Was der Bursch muß.

Darum muß jeder Bursch mit der Einsicht die Kraft paaren,

1. etwas Tüchtiges lernen,
2. sich deutsch ausbilden für Volk und Vaterland, leiblich und geistig,
3. sich in Waffen üben mit dem Blankgewehr wie mit Schießgewehr.

§ 15. Wer als Bursch gilt?

Nur Ehrliche und Wehrliche, die das Sittengesetz und das Gesetz der Ehre halten, können für Burschen gelten.

§ 16. Was sich nicht für ihn schickt.

Was keinem anderen ehrlichen deutschen Mann zu tun zusteht, kann auch der Bursch nicht begehen. Was jedermann entehrt, schändet auch ihn.

§ 17. Ehre über Leben.

Jedem Burschen liegt ob, nach hergebrachter Weise der Väter keine Unbill zu dulden, keine ungerechte Anmaßung zu leiden, keine schmähliche Zumutung ungeahndet zu ertragen. Immer muß der ehrliche und wehrliche Bursch die Ehre höher schätzen wie das Leben.

§ 18. Vaterland und Volk über Alles.

Über Alles hoch muß ihm das deutsche Volk und das deutsche Vaterland gelten, und er muß deutsch sein in Worten, Werken und Leben.

§ 19. Selbstgefühl. Volksgefühl. Eigene Ehre. Volksehre.

Wer seine eigene Ehre befleckt oder sie beschimpfen läßt, ohne die Unbill zu ahnden, wird nie die Volksehre wehren und rächen, wer sich selber verknechten läßt, wird nie die deutsche Selbständigkeit schirmen, wer in der Jugendblüte kein Selbstgefühl besitzt, wird nie zum Volksgefühl gelangen.

§ 20. Verlust des Burschenrechts.

Sein Burschenrecht verliert, wer

1. seine Ehre ungeahndet beschimpfen läßt,
2. sein Ehrenwort bricht, sei es Burschen oder Nichtburschen,
3. bei gesundem Leibe doch nicht die Führung der Waffen erlernen will,
4. sich gar keinen wissenschaftlichen Beschäftigungen widmet (§§ 13 und 14),
5. einem Beleidigten keine Genugtuung geben will,
6. wider das deutsche Volk und Vaterland freventlich tut oder verächtlich handelt, mit Worten und Werken, heimlich oder öffentlich.

§ 21. Burschenschaft ein Ganzes.

Die gesamte Burschenschaft jeder hohen Schule macht ein Ganzes aus, ein freies Gemeinwesen freier Leute (§§ 2 und 3).

§ 22. Besonderer Verein nichtig.

Alle besonderen Vereinigungen sind dadurch aufgehoben, abgetan, für tot und nichtig erklärt.

§ 23. Pennalismus vorbei.

Der Pennalismus darf nicht wiederkehren, er verleitet die Älteren zu Anmaßungen und zerstört die Freiheit und Gleichheit (§§ 2 und 3).

§ 24. Landsmannschaften den deutschen Volkstümlichkeiten widersprechend.

Die Landsmannschaften und die aus ihnen herausgesonderten Kränzchen widersprechen dem Begriff von einem einigen deutschen Volke und sind der deutschen Volkstümlichkeit zu offenbar feindlich und verderblich, weil sie

1. gerade das verewigen und gesetzlich verordnen, was alle Völker auszutilgen bemüht sein müssen, nämlich die Zersplitterung nach Landsmannschaften;
2. in unnütze Händel mit anderen Landsmannschaften verflechten, die sog. pro patria-Paukereien;
3. einen undeutschen Burschenbrauch einzuführen bemüht sind;
4. viel Zeit wegnehmen;
5. von den Wissenschaften abziehen;
6. kostspielig sind;
7. die Selbständigkeit einschränken;
8. Kleinigkeiten und Tand zur Hauptsache machen und von der allgemeinen Burschenschaft abziehen;
9. einen undeutschen Kleinigkeitsgeist erzeugen, der den wahren Burschengeist nicht aufkommen läßt;
10. den freien Umgang hemmen und ihn bloß auf die nächsten Landsleute beschränken.

§ 25. Ausrottung der Landsmannschaften.

Ihre Ausrottung ist jedes deutschen Burschen Pflicht, da sie das Vaterland gefährden und das Volk nach Erdschollen zersplittern.

§ 26. Was die Orden sind.

Die sog. Orden sind:

1. unvolkstümlich, da sie es mit der allgemeinen Menschenliebe zu tun haben und eine Weltbürgerlichkeit bezwecken (§ 13);
2. eine Burschen-Freimaurerei bilden;
3. wider den wahren Burschensinn, da sie für eine spätere bürgerliche Welt sich zusammentun, die der Burschenzeit weit entfernt liegt (§ 12).

§ 27. Sie zu bekämpfen, Ziel jeder Burschenschaft.

Sie zu bekämpfen und zu vertilgen, ist eben so sehr ein Strebeziel jeder e c h t d e u t s c h e n B u r s c h e n s c h a f t.

§ 28. Einteilung der Burschenschaft.

Die Burschenschaft teilt sich nach dem Alter der Burschenzeit und der dadurch erlangten Einsicht, Erfahrung und Kraft (§ 4) in 1. jüngere, 2. mittlere, 3. ältere.

§ 29. Ekelnamen geben, Verbrechen.

Ekelnamen nach der kürzeren oder längeren Burschenzeit zu geben, ist ein großes Verbrechen.

§ 30. Betragen gegen Jüngere.

Die Jüngeren sollen nicht gemißhandelt, zugezogen, aber nicht abgerichtet und geknechtet werden.

§ 31. Strafe bei ruhig ertragener Beschimpfung.

Wer dergleichen Ekelnamen und Ekelbehandlungen ruhig hinnimmt, verliert, wenn er die Warnung nicht beherzigt, sein Burschenrecht (§ 29).

§ 32. Unterschied der jüngeren und mittleren Burschen.

Jeder ehrliche und wehrliche Bursch kann in allen Versammlungen der Burschenschaft (§ 21) erscheinen, doch sind:

1. die jüngeren bloß Zuhörer,
2. die mittleren Mitsprecher, Mitstimmer und Mitwähler.

§ 33. Vorsteherwahl.

Die Vorsteher der Burschenschaft werden nur aus den älteren Burschen und von ihnen und den mittleren gewählt.

§ 34. Die Wahl ist frei.

Sie gelangen zur Vorsteherschaft durch die freie Wahl ihrer Mitburschen.

§ 35. Die Wahl ist auf 1/2 Jahr gültig.

Sie werden nur auf ein halbes Jahr erwählt, doch kann eine Wiederwahl stattfinden.

§ 36. Zahl der Vorsteher.

Auch die zahlreichsten Burschenschaften sollen nicht über 25 Vorsteher wählen.

§ 37. Ausschuß der Vorsteher.

Alle Vorsteher der Burschenschaften bilden einen Ausschuß, der wöchentlich zusammenkommt.

§ 38. Ein Worthalter unter ihnen.

Der Ausschuß wählt aus seiner Mitte nach jeder Zusammenkunft einen Vorsteher zum Worthalter, der Vorsitz und Vortrag hat.

§ 39. Pflicht der Vorsteher.

Die Vorsteher sorgen für die Aufrechterhaltung der Burschenschaft usw. und deren Ausbreitung.

§ 40. Aufnahme aller Burschenschaftsmitglieder.

Ein Mitglied irgendeiner Burschenschaft ist überall wieder Mitglied anderer Burschenschaften. Es bedarf dazu keiner neuen Aufnahme. Die Empfehlung von der vorigen Burschenschaft, das Melden beim Ausschuß der Vorsteher und die Einführung durch diese ist hinlänglich.

§ 41. Gastfreundschaft.

Ein jedes Mitglied irgendeiner deutschen Burschenschaft, so auf eigenen Reisen, Lust- oder Notreisen begriffen ist, soll von jeder Burschenschaft gastfreundlich aufgenommen werden.

§ 42. Gesetze derselben.

Damit aber mit dem Rechte der Gastfreundschaft kein Mißbrauch getrieben werde, soll der Reisende zwar die beiden ersten Tage in Wohnung, Essen und Trinken freigehalten werden, sonach aber nur noch eine Woche lang freies Nachtlager und Frühstück bekommen.

§ 43. Gegenseitige Unterstützung.

Die einzelnen Burschenschaften sollen sich gegenseitig unterstützen und aushelfen:

1. mit Geld zur ersten Einrichtung neuer Burschenschaften, wenigstens als Darlehn, wenn auch nicht als Geschenk;
2. mit Waffen;
3. mit wehrlichen Burschen in allen gerechten Fehden für die gemeinsame deutsche Sache der Burschenschaften.

§ 44. Unterstützung in Not Geratener.

Wer ohne seine Schuld als ehrlicher und wehrlicher Bursch in Not geriet oder um der Burschenschaft willen in Unglück und Elend kommt, hat sich überall von der Burschenschaft Hilfe, Beistand und Unterstützung zu versprechen.

§ 45. Vom Austreten aus der Burschenschaft.

Kein Mitglied irgendeiner Burschenschaft kann und darf sich, so lange er auf der hohen Schule als Bursch lebt, von der allgemeinen deutschen Burschenschaft trennen (§ 12).

§ 46. Zweikampfforderung.

Bei jedem Zweikampfe sollen und müssen Kampfwarte zugegen sein, die nach dem Rechte sehen, aber keine Beiständner (Sekundanten) oder gar Mitschläger.

§ 47. Sondern aus der Burschenschaftsordnung.

Keine einzelne Burschenschaft kann die allgemeine Ordnung und Einrichtung der allgemeinen deutschen Burschenschaft eigenmächtig sondern.

§ 48. Was beim Eintreten geschieht.

Jeder Bursch, der irgendwo der Burschenschaft beitritt, gelobt mit einem heiligen, feierlichen Ehrenwort und Handschlage:

Verschwiegenheit, Treue, Mut und Tätigkeit,

so lieb ihm

Ehre, Gut, Leib und Leben.

Worterklärungen

Beneficium (lat.) – Wohltat, Verdienst, Nutzen, Auszeichnung, auch Amt, Leben

Cerevisiologie (Studentensprache) – Bierwissenschaft

Conducator (lat.) – Anführer

c. t. (lat.) cum tempore – mit dem akademischen Viertel, das heißt 15 Minuten später als angegeben (z. B. 9 c. t. = 9.15 Uhr)

cum laude (lat.) – mit Lob, gut (bestanden), Zeugnisgrad der Doktorprüfung

Deprekation (lat.) – Abbitte

Diogenes (Diogenes von Sinope), um 412 – um 323 v. u. Z.; griech. Philosoph; lebte angeblich in einem Faß

eo ipso (lat.). – eben deswegen, eben dadurch, damit zugleich

Epistel (griech. → lat.) – längerer Brief; z. B. Apostelbriefe des Neuen Testaments

ex officio (lat.) – von Amts wegen

Gambrinus – um 800 sagenhafter König von Flandern. Gilt nach studentischer Überlieferung als Erfinder des Bieres und Schutzpatron der Bierbrauer und der Gastwirte

Gaudeamus igitur (lat.) – „Laßt uns also fröhlich sein"; altes europäisches Studentenlied, zurückgehend auf einen lateinischen Bußgesang von 1267. In der Gegenwart Motiv der Siegesfanfare der Studentenweltmeisterschaften (Universiade)

Heinei – Gasthaus am „Markt" 24

Herero – ursprünglich großes Bantuvolk in Namibia und Südangola, Viehzüchter, während der Freiheitskämpfe gegen die deutsche Kolonisation (1904/07) stark dezimiert

Inkognito (lat. → ital.) – Unerkanntheit, Verheimlichung (von Herkunft und Namen), Gebrauch eines anderen Namens

Karzer (lat.) – ehemaliger Arrestraum für Schüler und Studenten

Kastellan (lat.) – Verwalter eines Schlosses oder einer Burg

Komitat (lat.) – in der Studentensprache (18./19. Jh.) Bezeichnung für das feierliche Abschiedsgeleit, welches einem von der Universität scheidenden Studenten von seinen Kommilitonen bis zur Stadtgrenze, dem nächsten Dorf usw. gegeben wurde. In Jena bis ins 19. Jh. üblich.

Komment (franz.) – in der Studentensprache seit dem 18. Jh. soviel wie „Brauch", „Sitte"; Bezeichnung für die Gesamtheit der früheren studentischen Lebens- und Umgangsformen; im 19. Jahrhundert wurde der Komment durch die studentischen Korporationen konserviert und in bestimmte Vorschriften gepreßt, speziell bei studentischen Gelagen (z. B. dem Bierkomment)

Kommers – (feierliches) studentisches Trinkgelage

Konvent (lat.) – Zusammenkunft, Versammlung

Mensur (lat.) – Zweikampf im Fechten

Pedell (german. → lat.) – s. v. w. Büttel, bekleidete das Amt der akademischen Polizei, er zitierte die Studenten vor das Universitätsamt

Pereat! (lat.) – Nieder (mit ihm)!

Philister (Studentensprache) – seit dem Ende des 17. Jahrhunderts studentische Bezeichnung für alle Nichtakademiker bzw. alle Bürger eines Hochschulortes; seit dem 18. Jahrhundert.

a) im Sinne von engherzigen, spießbürgerlich und geistig beschränkten Menschen gebraucht sowie

b) auf alle ehemaligen Studenten, die nach der Studienzeit ins „Philisterium" eingetreten sind, ausgedehnt. Das Wort Philister wurde vor allem seit 1693, von Jena ausgehend, im Sinne von „den Studenten feindliche Spießbürger" populär.

Renommist (Studentensprache, 18. Jahrhundert) – Bezeichnung im Sinne von „prahlerischer Raufbold" und „Saufheld"

revocieren (lat.) – widerrufen

Salamander (reiben) – deutscher, in den dreißiger Jahren des 19. Jahrhunderts in Heidelberg aufgekommener studentischer Brauch, wobei die Trinkgefäße unter dem Kommando des Vorsitzenden in kreisförmiger Bewegung auf dem Tisch herumgerieben, dann geleert und schließlich mit ihnen auf dem Tisch getrommelt wird, bis sie mit einem Schlag abgesetzt werden. Seinem Ursprung nach ist das Salamanderreiben ohne tiefere Bedeutung, später pflegte man mit dieser Feierlichkeit besonders wichtige Gesundheiten als Huldigung auszubringen.

Schläger (Studentensprache) – seit dem Ende des 18. Jahrhunderts studentische Hiebwaffe (mit gerader Klinge) für Duelle und Mensuren

Secundant (lat.) – Helfer, Zeuge beim Zweikampf, Beistand

Sic vivamus (lat.) – so leben wir

Testator (lat.) – Person, die ein Testament errichtet hat

touchieren (lat. → franz.) – berühren

Vivat, crescat, floreat! (lat.) – (Er, sie, es)
Lebe, wachse (und) blühe, akademischer Glück- und Segenswunsch.

Quellen
„Altes und Neues aus der Heimat", Beilage zum „Jenaer Volksblatt" (Jahrgänge 1909–1936), Verlag von Bernhard Vopelius Jena
„Jenaische Zeitung" (Jahrgänge 1893–1932)
„Jenaer Volksblatt" (Jahrgänge 1936–1938)
„Thüringische Staatszeitung" (Jahrgang 1935)
„Die Burschenschaft Germania zu Jena", Verlag von Hermann Costenoble 1897
„Blätter von der Saale" 1860
Für die Bereitstellung der Bilder danken wir den Stadtarchiven Jena und Rudolstadt und dem Thüringischen Staatsarchiv Rudolstadt.
Für die Erzählungen fanden neun Texte Friedrich Thiemes sowie je ein Zeitungsartikel nachfolgend aufgeführter Autoren Verwendung: Franz Strelzik, F. Schleicher, Dr. Herbert Koch, Otto Knopf, Georg von Eucken-Addenhausen, Eduard Müller, Hans Schmidt, Karl Konrad, Fr. Friedrich.

Inhalt

Anhang

Grundriß der berühmten Thüringischen Universitätsstadt Jena mit Anzeige ihrer vornehmsten Gebäude

In Kupfer gestochen durch M. Seutter ca. 1750

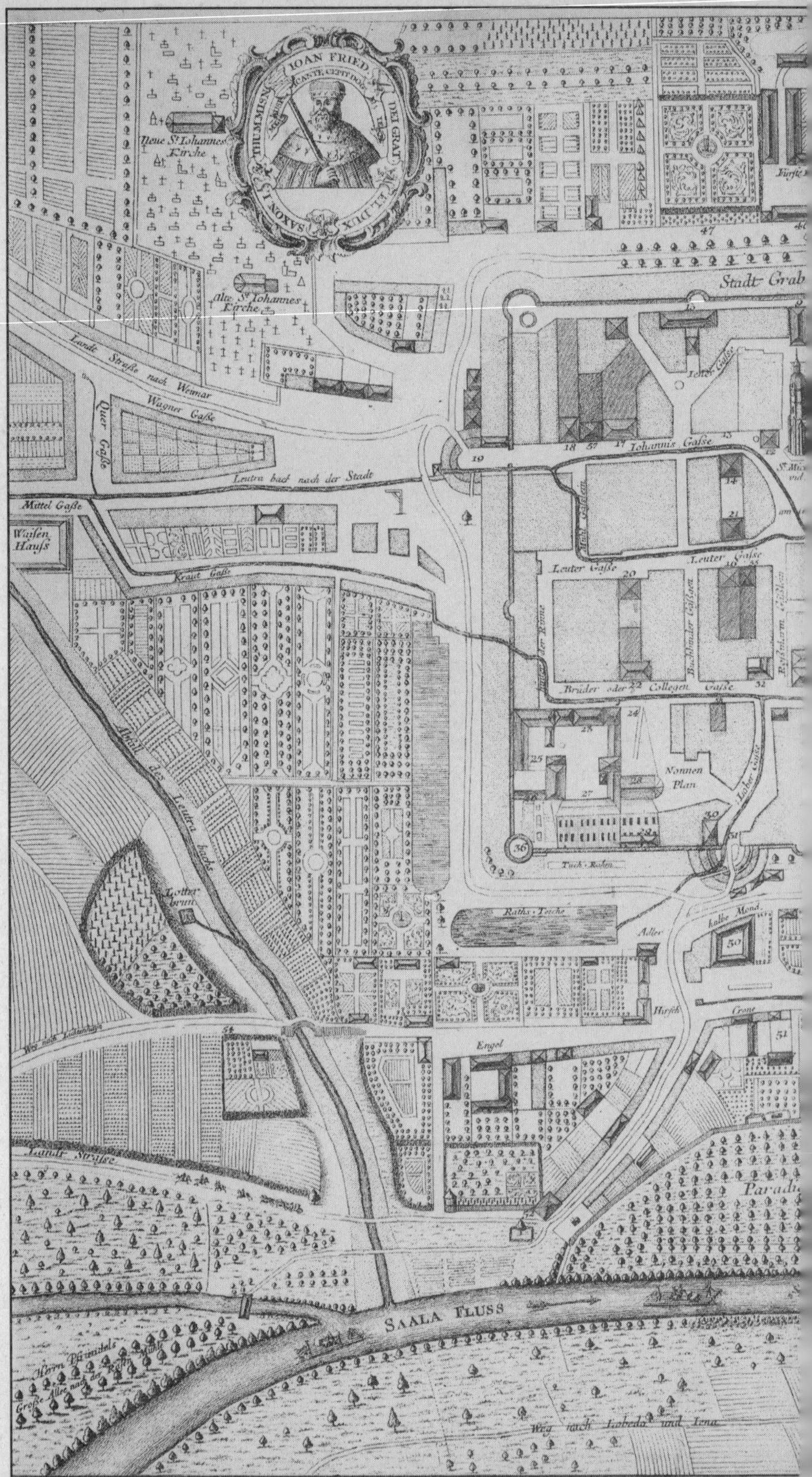

Jena Städtisches Museum